AF543866

LOUNGEWEAR nähen

Fina Krause

Alle Modelle in Größe **34-44**

Mit **4** Schnitt-musterbogen

LOUNGEWEAR *nähen*

BEQUEME KLEIDUNG AUS **JERSEY, SWEAT** UND **STRICKSTOFFEN**

VORWORT

Als ich mit 11 Jahren neben meiner Mama an der Nähmaschine saß und ihr beim Nähen meines Turniertanzkleids zugesehen habe, habe ich nicht im Traum daran gedacht, einmal mein eigenes Schnittmusterlabel zu gründen.

Bis ich mit dem Nähen von Kleidung für mich begonnen habe, sind dann auch noch etliche Jahre ins Land gezogen. Aber 2014 war es soweit und seitdem hat es mich auch nicht mehr losgelassen.

Meine ersten eigenen Schnittmuster folgten 2016 und seitdem steht „Finas Ideen" für zeitlose selbst genähte Mode, in der du dich rundum wohlfühlen sollst.

Egal ob du Nähanfänger bist oder schon etwas länger nähst, wenn dir Schnitte mit einem kleinen besonderen Etwas gefallen, wirst du bestimmt fündig.

Mit diesem Loungewear-Buch geht ein kleiner persönlicher Traum in Erfüllung. Wer möchte denn bitte nicht sein eigenes Buch im Regal stehen haben? Und dann auch noch zu so einem tollen Thema. Denn ehrlich gesagt habe ich schon länger überlegt, wie ich dieses Thema umsetzen kann. Schlichte Schnitte, die untereinander perfekt kombinierbar sind und mit denen du dir schicke und lässige Kleidung für zu Hause oder das Homeoffice nähen kannst. Denn dort darf es für mich zwar gern bequem sein, aber ich möchte trotzdem mit gutem Gewissen die Tür öffnen können.

In diesem Buch erwarten dich einfache und schnell zu nähende Schnitte und ich zeige dir außerdem, wie du sie ganz einfach miteinander kombinieren kannst.

Alle Schnitte sind für Jersey, Sweatstoff oder Strick ausgelegt und ich habe mir besonders viel Zeit bei der Auswahl der Stoffe gelassen. Durch die Textur des Stricks oder die Weichheit eines Bio-Sweats entstehen echte Wohlfühl-Stücke, die dich nicht nur gut aussehen lassen, sondern an denen du außerdem lange Freude haben wirst.

Alles Liebe

Fina

INHALTSVERZEICHNIS

Grundlagen

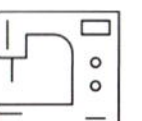
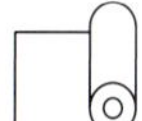

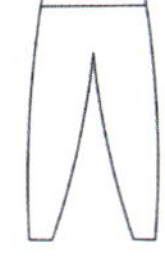

Grundschnitte

Schnittmustervariationen

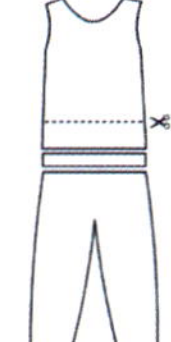
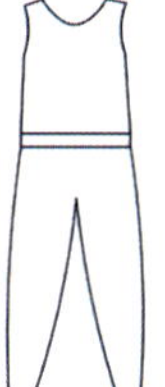

GRUND-LAGEN

- Stoffkunde
- Nähutensilien
- Vorbereitung
- Stiche für dehnbare Stoffe
- Größenwahl
- Näh-Basics

01

STOFFKUNDE

Loungewear soll nicht nur gut aussehen, sondern auch bequem sein.

Deshalb kommen hierfür vor allem dehnbare und kuschelige Stoffe in Frage. Sicher bist du auch schon über die vielen unterschiedlichen Varianten von Jersey, Sweatstoff und Strick gestolpert. Damit du dir bei der Wahl des Stoffs sicher bist, möchte ich dir einen kleinen Überblick über die verschiedenen Stoffarten geben.

Jersey, Sweatstoff und Strick gehören zu den Maschenwaren. Sie werden gestrickt oder gewirkt und unterscheiden sich einerseits durch die Art der Herstellung, zum anderen erhalten sie ihre Namen durch die verwendeten Materialien.

JERSEY

Da es sich um eine Maschenstruktur handelt, ist Jersey von Natur aus sehr dehnbar und eignet sich deshalb besonders für alle Arten von enganliegender Kleidung wie Shirts, Tops und Kleider. Es gibt Jerseys, die an einer Nadelreihe gestrickt/gewirkt werden (z.B. Single-Jersey) und welche, die an zwei Nadelreihen gestrickt werden, das sind z.B. Interlock- und Romanit-Jersey.

Single-Jersey

Single-Jersey ist relativ dünn, fällt fließend und besitzt eine rechte und eine linke Seite. Diese Variante des Jerseys ist die elastischste und rollt sich an den Schnittkanten gern ein.

Double-Jersey

Beim Double-Jersey werden zwei Lagen gleichzeitig ineinander verschränkt im Rechts-Links-Rippenmuster gestrickt. So überlagern die rechten Maschen die linken auf beiden Stoffseiten und es bildet sich eine einheitliche Oberfläche. Das macht ihn perfekt für Pullis oder Jacken.

Ein bekanntes Beispiel für Double-Jersey ist Feinripp.

Interlock-Jersey

Interlock-Jersey ist sehr stabil und lässt sich gut verarbeiten. Er hat zwei gleiche Seiten und eine geschlossene Oberfläche. Er besteht aus zwei Lagen Single-Jersey, deren Rückseiten während des Strickens miteinander verwoben werden, und wird gern für Unterwäsche oder Sportbekleidung genommen.

Romanit-Jersey oder Punta de Roma

Romanit-Jersey ist ebenfalls ein schwerer doppelflächig gewirkter Jersey mit 2 rechten Seiten. Er ist sehr fest, kann also modellierend wie ein Mieder wirken. Dieses Material enthält zusätzlich die elastische Faser Elasthan, auch Spandex genannt. Dadurch hat er eine hohe Rücksprungkraft, die ein Ausdehnen oder Ausbeulen verhindert. Er wird oft für lockere Pullover oder Hosen genutzt.

Jacquard-Jersey

Jacquard-Jersey wird mit Maschinen gestrickt. Durch nicht gestrickte und aufgefangene Maschen können schöne Stoffe mit tollem Strukturmuster gestrickt werden. Durch diese Art der Herstellung ist der Stoff weniger dehnbar als andere Jerseys.

SWEATSHIRT-STOFF

Bei Sweatshirt-Stoff wird ein zusätzlicher Faden auf der Rückseite eingestrickt, der später auch oft aufgeraut wird. Dadurch wird der Stoff auf der linken Seite flauschiger und kuscheliger. Sweat ist meist dicker und schwerer als Jersey, allerdings auch weniger elastisch als dieser.

SOMMER-SWEAT

Diese Art findest du auch oft unter dem Begriff „French Terry“ im Handel. Im Vergleich zum Sweatshirt-Stoff wird hier die Rückseite nicht angeraut.

STRICKSTOFFE

Wie bereits zu Beginn erwähnt, gehören Jersey und Sweatstoffe bereits zur Gruppe der Strickstoffe.

Die Stoffe, die im Handel mit dem Namen Strickstoff versehen sind, werden aus dickeren und weniger festen Garnen lockerer gestrickt. Sie wirken dadurch nicht so modellierend. Das Volumen beeinflusst aber positiv den Effekt, dass sich bei locker eng geschnittener Kleidung nicht alle Körperkonturen abzeichnen und der Stoff sehr kuschelig wirkt.

MATERIALIEN

Die klassischen Materialien sind Baumwolle, Viskose, Schurwolle oder auch Polyester. Sie werden einzeln verarbeitet oder auch untereinander kombiniert.

Um die Elastizität des Stoffes zu erhöhen, wird zusätzlich oft auch Elastan (auch Spandex genannt) mit eingestrickt.

NACHHALTIGE STOFFVARIANTEN

Nachhaltigkeit ist auch für viele Hobbynäher ein sehr wichtiges Thema. Immer wieder kommen neue nachhaltige Stoffvarianten hinzu, die sich nicht nur wundervoll tragen und verarbeiten lassen, sondern auch noch langlebig und mit einem guten Gewissen zu verarbeiten sind.

Bio-Baumwolle und Bio-Leinen

Baumwolle und Leinen sind Stoffe, die an sich ist schon relativ nachhaltig sind, weil es sich hierbei um Naturfasern handelt. Das heißt, beide Stoffe sind prinzipiell biologisch abbaubar. Bei Bio-Baumwolle und Bio-Leinen wird allerdings in der Produktion auf giftige Bleichmittel und Färbemittel verzichtet und beim Anbau werden kein Dünger oder Pestizide eingesetzt.

Bambus

Bambus an sich ist relativ umweltfreundlich. Die Pflanze wächst sehr schnell und hat wenig Ansprüche. Die kurzen Bambusfasern werden als Rohstoff genutzt, um dann in einem Verfahren daraus Zellulose herzustellen, die dann zu Viskose verarbeitet wird.

Viskose

Viskose ist eine halbsynthetische Faser, hat einen fließenden Fall und ist sehr weich auf der Haut. Sie wird deshalb auch gern zusammen mit anderen Fasern verarbeitet.

Wenn du nachhaltig und fair produzierte Viskose vernähen möchtest, schau unbedingt nach den Begriffen TENCEL™, Modal, Lyocell oder Lenpur.

Das Herstellungsverfahren herkömmlicher Viskose ist nämlich nicht besonders nachhaltig. Es verbraucht viel Energie und während der Produktion werden viele Chemikalien freigesetzt, die Mensch und Umwelt belasten.

TENCEL™ Lycocell

Hierbei handelt es sich eigentlich um eine Viskosefaser, Tencel™ bzw. Lyocell sind nur Markennamen der Firma Lenzig. Die Viskosefaser wird künstlich aus Zellulose hergestellt. Der Rohstoff für die Zellulose ist in diesem Fall Holz, welches aus nachhaltiger Forstwirtschaft stammt. Der Herstellungsprozess ist sehr ressourceneffizient und das verwendete Lösungsmittel wird zu 99 % wieder verwendet und in den Prozess zurückgeführt.

TENCEL™ Modal

Der Herstellungsprozess ist energieautark. TENCEL™ Modal ist außergewöhnlich sanft und angenehm weich auf der Haut.

NÄHUTENSILIEN

Auch wenn der Markt unzählige tolle Nähutensilien anbietet, braucht man doch eigentlich nur recht wenig Werkzeug, um gut und entspannt zu nähen.

Deshalb kommt hier mein Tipp von Herzen: Investiere lieber in weniger, achte aber dabei auf die Qualität.

Nichts ist schlimmer als eine stumpfe Schere, die unsaubere Kanten schneidet, oder alte Stecknadeln, die dir den Stoff zerstören.

1 STOFFSCHERE UND ROLLSCHNEIDER

Ob du lieber mit dem Rollschneider oder der Schere zuschneidest, bleibt ganz dir überlassen. Ich nutze beides sehr gern. Eine gute Stoffschere ist Gold wert! Sie geht durch den besonderen Schliff butterweich durch den Stoff und sorgt für saubere Schnittkanten. Eine Voraussetzung gibt es dafür allerdings: Du darfst damit wirklich nur Stoff schneiden! Stoffscheren gibt es für Rechts- und Linkshänder. Die meisten Rollschneider hingegen haben den Vorteil, dass sie von Rechts- und Linkshändern gleichermaßen genutzt werden können.

2 SCHNEIDEMATTE

Nähst du im Team Rollschneider, brauchst du eine Schneidematte als Untergrund. Es gibt sie in vielen verschiedenen Größen. Wenn du planst, öfter Kleidung zu nähen, empfehle ich dir die Investition in eine große Schneidematte. Der Zuschnitt wird deutlich einfacher und genauer, wenn das Hosenbein in einem Rutsch zugeschnitten werden kann und nicht immer neu positioniert werden muss.

3 STECKNADELN UND STOFFKLAMMERN

Ich bin ein absoluter Fan von Stecknadeln. Ich nutze sie natürlich beim Nähen, aber auch, um das Schnittmuster auf dem Stoff zu fixieren. Eine Alternative bei dickeren Stoffen oder dort, wo Stecknadeln den Stoff zerstören, sind Stoffklammern (auch Wonderclips genannt).

4 NAHTTRENNER

Auch wenn ich dir von Herzen wünsche, dass du ihn nie brauchst, du solltest ihn griffbereit haben.

5 TRICKMARKER UND SCHNEIDERKREIDE

Für Markierungen auf dem Stoff kannst du Trickmarker oder Schneiderkreide nutzen. Spätestens nach dem ersten Waschen sind die Markierungen auch wieder verschwunden. Früher habe ich auch gern Stecknadeln zum Markieren genommen. Allerdings ist es mir dann häufiger passiert, dass ich nicht mehr wusste, ob die Nadel zum Fixieren oder als Markierung gedacht war.

6 MAßBAND

Brauchst du zum Ausmessen deines Körpers oder der Schnittteile.

SICHERHEITSNADEL

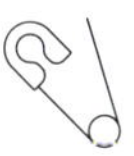

Mit einer Sicherheitsnadel kannst du das Gummiband in den Tunnel oder Bund einziehen.

7 SCHNEIDELINEAL UND HANDMAß

Ein Schneidelineal ist für lange gerade Strecken ein Traum! So ist dein Bündchen oder eine Rüsche im Handumdrehen zugeschnitten.

Eine tolle Ergänzung ist das Handmaß. Mit ihm kannst du kurze Strecken ganz einfach ausmessen und während des Nähens immer wieder kontrollieren.

VORBEREITUNG

Jersey und Sweatstoff sind sehr pflegeleicht bei der Verarbeitung und werden deshalb gern von Nähanfängern genommen. Aber auch Strickstoff lässt sich leicht bändigen und ist überhaupt nicht schwer zu vernähen.

VORWASCHEN

Damit dein Kleidungsstück nach dem ersten Waschen noch dieselbe Größe und Form hat, solltest du den Stoff vor dem Vernähen vorwaschen. Wasche den Stoff immer so vor, wie du ihn auch später waschen möchtest.

ZUSCHNITT UND AUFBEWAHRUNG

Die Schnitte enthalten keine Nahtzugabe oder Saumzugabe!

Eine Nahtzugabe gibst du immer an den Schnittkanten hinzu, an denen nachher etwas angenäht werden soll. Mit der Saumzugabe wird eine Schnittkante schön gestaltet, an der nichts angenäht wird.

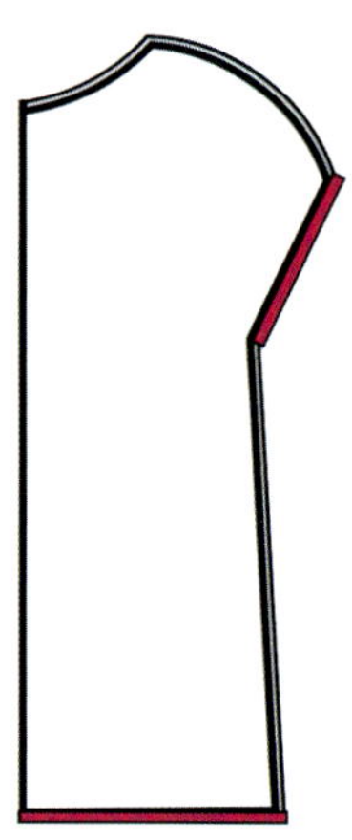

Das ist zum Beispiel am Ärmelabschluss der Fall. Nähst du mit der Nähmaschine, empfehle ich dir eine Nahtzugabe von 1 cm. So kannst du die Kanten versäubern und dann in 1 cm Abstand die Schnittteile zusammennähen.

An Schnittkanten, die du ausschließlich mit der Overlock nähst, reicht in der Regel eine Nahtzugabe von 0,7 cm. Der Einfachheit halber schneide ich aber auch hier gern mit 1 cm Nahtzugabe zu und schneide dann lieber beim Zusammennähen den überflüssigen Stoff ab.

Gib an den Schnittkanten, die gesäumt werden, eine Saumzugabe von 1,5–2 cm hinzu.

Solltest du nicht sofort nach dem Zuschnitt zum Nähen kommen, kannst du die Zuschnitte aus Jersey und Sweatstoff einfach zu Seite legen. Strickstoff hingegen franst sehr gern aus. Das hat nicht nur zur Folge, dass du die Fusseln im ganzen Nähzimmer verteilt finden wirst, außerdem kann sich der Zuschnitt verziehen. Versäubere deshalb alle Schnittkanten.

VERSÄUBERN DER KANTEN

Bei Jersey und Sweatstoff fransen die Schnittkanten nach dem Zuschnitt nicht aus und können unversäubert weiterverarbeitet werden. Bei Strickstoff sieht das etwas anders aus. Die Schnittkanten können nach dem Zuschnitt ausfransen und müssen daher versäubert werden. Dazu kannst du den Zickzackstich deiner Nähmaschine nutzen. Viele Maschinen haben außerdem einen entsprechenden Overlockstich. Solltest du eine Overlockmaschine besitzen, kannst du auch mit ihr die Schnittkanten versäubern.

NÄHNADELN

Jerseynadeln haben eine so genannte „mittlere Kugelspitze" und eigenen sich perfekt für Jersey, Sweatstoff und andere Strickstoffe. Durch die Form der Spitze verdrängt die Jerseynadel die Maschen des Materials, ohne die einzelnen Fäden zu verletzen.

Solltest du keine Jerseynadel zur Hand haben, kannst du auch eine Universalnadel nutzen. Auch sie hat bereits eine leicht abgerundete Nadelspitze.

Hast du trotz Nutzung einer Jerseynadel noch Fehlstiche, probiere eine Stretchnadel aus.

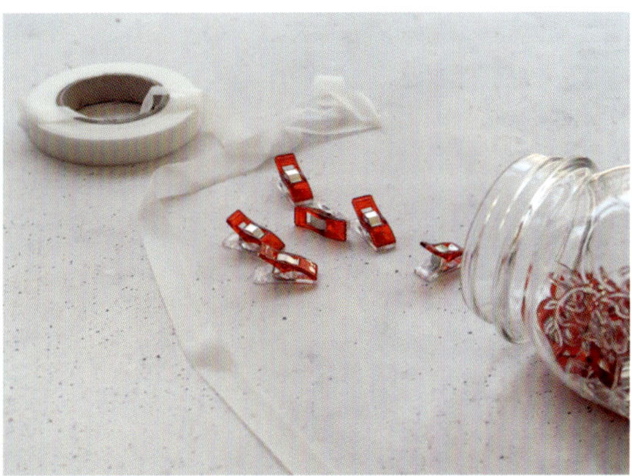

STICHE FÜR DEHNBARE STOFFE

Damit die Nähte ebenfalls elastisch werden, müssen sie mit einem elastischen Stich genäht werden. Ein einfacher Geradstich mit herkömmlichem Garn ist keine Option. Die Naht wäre so nicht dehnbar und würde unter Belastung reißen.

Deine Nähmaschine hat aber sicher eine der folgenden Alternativen.

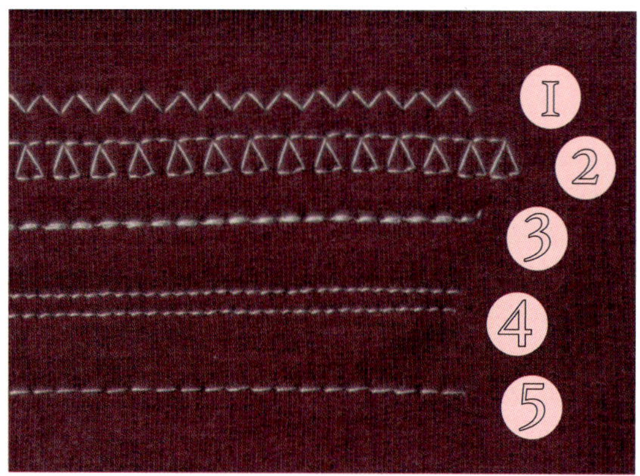

1 ZICKZACKSTICH

Der Zickzackstich deiner Nähmaschine kann sowohl in der Länge, als auch in der Breite verstellt werden. Je schmaler er ist, desto unelastischer wird er.

Mittelbreit und mittellang eingestellt kannst du ihn zum Zusammennähen der Schnittteile nutzen. Wenn du mit ihm die Schnittkanten versäubern möchtest, nähe mit einem sehr breiten und mittellangen Zickzackstich.

2 OVERLOCKSTICH

Viele Nähmaschinen haben bereits einen Overlockstich. Mit ihm nähst du die Naht und versäuberst die Schnittkante in einem Schritt.

3 DREIFACHGERADSTICH

Der Dreifachgeradstich ist ein sehr reißfester, aber nur wenig dehnbarer Stich.

4 ZWILLINGSNADEL-ZWEIFACHSTICH

Dieser Stich wird gern zum Nähen von Säumen verwendet. Mit der Zwillingsnadel entsteht eine elastische Naht bestehend aus zwei Ober- und einem Unterfaden.

5 GERADSTICH

Seit neuestem gibt es elastisches Nähgarn, mit dem du elastische Nähte auch mit dem Geradstich nähen kannst. Fädele dazu das elastische Nähgarn aber auf jeden Fall als Ober- und Unterfaden ein.

GRÖßENWAHL

Die Sache mit der Größenwahl ist ein Thema, bei dem man sich schnell unsicher sein kann. Dabei ist es überhaupt nicht schwer, die für dich richtige Größe zu finden. Folge einfach den folgenden drei Schritten.

SCHRITT 1: AUSMESSEN DES KÖRPERS

Als Erstes solltest du deine Körpermaße kennen. Miss dafür deinen Körper an Brust, Taille und Hüfte aus. Wenn es für dich allein etwas schwierig ist, lass dir dabei gern helfen.

Folgende Stellen deines Körpers solltest du für die Loungewear ausmessen:

Brustumfang
Das ist der Umfang des Körpers über die Brustpunkte gemessen. Das Maßband wird unter den Armen durchgeführt und die stärkste Stelle an der Brust gemessen.

Taillenumfang
Der Taillenumfang ist die schmalste Stelle des Körpers am Rumpf.

Hüftumfang
Den Hüftumfang misst du über die breiteste Stelle am Gesäß.

Armlänge
Sie wird von der Armkugel über die äußere Kante des Ellbogens bis zur Handwurzel gemessen. Winkle den Ellbogen dabei leicht an.

Innere Beinlänge
Sie wird an der Beininnenseite vom Schritt bis zum Boden gemessen.

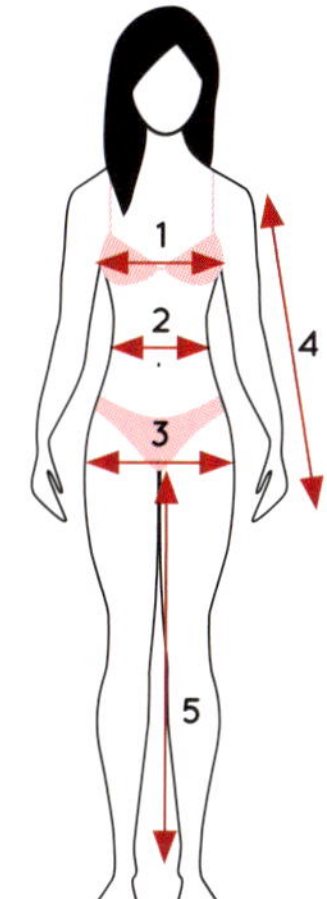

1 Brustumfang
2 Taillenumfang
3 Hüftumfang
4 Armlänge
5 Innere Beinlänge

Deine ermittelten Maße kannst du in folgender Tabelle notieren.

	DEINE KÖRPERMAßE
KÖRPERLÄNGE	
BRUSTUMFANG	
TAILLENUMFANG	
HÜFTUMFANG	
ÄRMELLÄNGE	
INNENBEINLÄNGE	

Da sich die Körpermaße leider von Zeit zu Zeit ändern können, empfehle ich dir auch, deinen Körper immer mal wieder neu auszumessen.

SCHRITT 2: KÖRPERMAß-TABELLE VERGLEICHEN

Hier möchte ich dich ganz kurz in die Schnittkonstruktion einführen.

Meine Schnittmuster werden immer nach der selben Körpermaßtabelle konstruiert.

Schon für das erste Schnittmuster habe ich zusammen mit meiner Schnittdirektrice eine Körperform festgelegt, die dem Großteil meiner Kunden entspricht. Schließlich möchte ich, dass du so wenig Anpassungen wie möglich machen musst.

Schau dir nach dem Ausmessen deines Körpers also die Körpermaßtabelle an und markiere dir in den einzelnen Spalten die Größe, die zu deinen Körpermaßen passt.

ACHTUNG: Es kann gut möglich sein, dass zum Beispiel dein Brustumfang in einer anderen Größe ist als der Taillen- oder Hüftumfang. Das ist überhaupt kein Problem und absolut normal. Sollte das bei dir der Fall sein, geht es weiter mit Schritt 3, der Fertigmaßtabelle.

TIPP

Die Körperform (und damit die Körpermaßtabelle) kann für verschiedene Schnitthersteller unterschiedlich aussehen. Es kann durchaus sein, dass sie eine ganz andere Kundengruppe haben. Daher solltest du vor dem Nähen immer einen Blick auf die Körpermaßtabelle werfen und sie mit deinen Körpermaßen vergleichen.

GR.	BRUSTUMFANG	TAILLENUMFANG	HÜFTUMFANG	INNENBEINLÄNGE
34	80 cm	64 cm	88 cm	78 cm
36	84 cm	68 cm	92 cm	78 cm
38	88 cm	72 cm	96 cm	78 cm
40	92 cm	76 cm	100 cm	78 cm
42	96 cm	80 cm	104 cm	78 cm
44	100 cm	84 cm	108 cm	78 cm

SCHRITT 3: FERTIGMAßTABELLE DES KLEIDUNGSSTÜCKS

Wie es der Name schon verrät, zeigt die Fertigmaßtabelle auf Seite 19 die Maße des fertig genähten Kleidungsstücks an. Sie können je nach Stoffwahl natürlich etwas variieren, geben dir aber einen guten Eindruck über die Weite und den Fall des Kleidungsstücks.

Solltest du dir mit der Körpermaßtabelle bei der Größenwahl noch unsicher sein, kannst du deine Körpermaße zusätzlich mit den Fertigmaßen vergleichen.

KLEIDERGRÖSSE	34	36	38	40	42	44
SHIRT | TOP | KLEID						
BRUSTUMFANG	90 cm	94 cm	99 cm	103 cm	108 cm	112 cm
TAILLENUMFANG	92 cm	66 cm	100 cm	105 cm	109 cm	114 cm
HÜFTUMFANG	94 cm	102 cm	103 cm	107 cm	112 cm	116 cm
ÄRMELLÄNGE	56 cm	57 cm	58 cm	58 cm	59 cm	60 cm
HOSE | SHORTS						
BUNDWEITE	94 cm	98 cm	103 cm	107 cm	111 cm	116 cm
HÜFTUMFANG	94 cm	98 cm	102 cm	106 cm	110 cm	114 cm
INNENBEINLÄNGE HOSE	77 cm	77 cm	77 cm	77 cm	77 cm	77 cm
INNENBEINLÄNGE SHORTS KURZ	16,5 cm	16,5 cm	16 cm	16 cm	15,5 cm	15,5 cm
INNENBEINLÄNGE SHORTS LANG	25 cm	24,5 cm	24 cm	24 cm	23,5 cm	23,5 cm
ROCK						
BUNDWEITE	94 cm	98 cm	103 cm	107 cm	111 cm	116 cm
HÜFTUMFANG	94 cm	98 cm	103 cm	107 cm	111 cm	116 cm

SCHNITTMUSTER ANPASSEN

Manchmal kann es trotzdem vorkommen, dass du zum Beispiel an Brust und Hüfte unterschiedliche Größen benötigst. Du kannst das Schnittmuster dann ganz einfach anpassen. Beim Übertragen des Schnittes ziehst du eine Linie von einer Größe zur nächsten und schaffst so einen weichen Übergang zwischen beiden Größen.

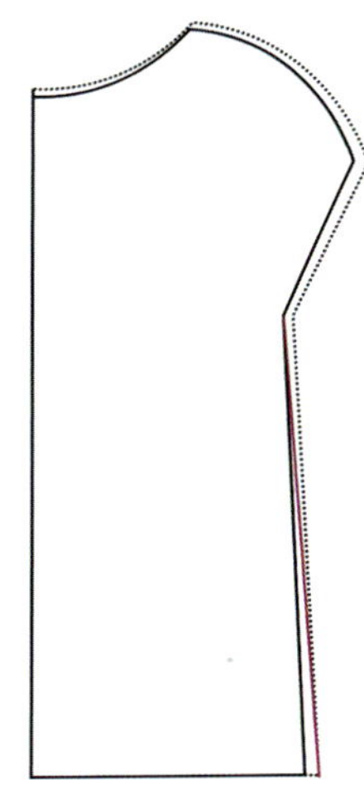

NÄH-BASICS

Ich liebe Taschen! Sie sind für mich das nützlichste Accessoire an einem Kleidungsstück. Je nach Material und gewünschter Optik können sie ganz unterschiedlich genäht werden.

TASCHEN NÄHEN

Variante 1

Bei dieser Variante wird der Taschenbeutel aus zwei Teilen zusammengenäht.

Du kopierst dir das Schnittteil der Tasche 2×. Schneide eine Vorlage am Tascheneingriff ab. Schneide dir jeweils einen großen und einen kleinen Taschenbeutel aus.

Lege den kleineren Taschenbeutel rechts auf rechts auf das Kleidungsstück und nähe ihn entlang des Tascheneingriffs an.

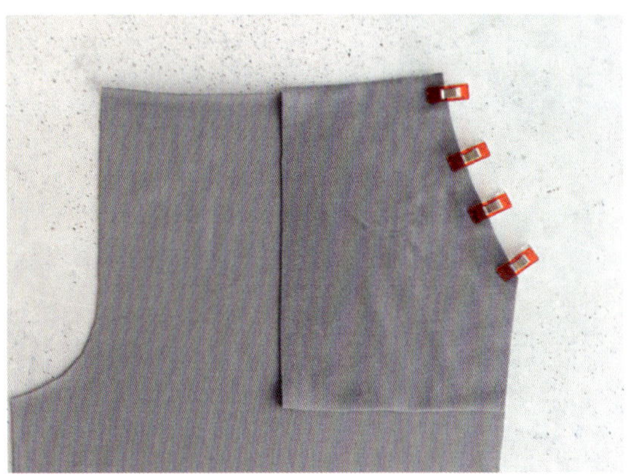

Klappe ihn dann auf die linke Seite des Kleidungsstücks. Wenn du magst, kannst du die Kante am Tascheneingriff knappkantig absteppen. Lege dann den größeren Taschenbeutel rechts auf rechts auf den kleineren Taschenbeutel und nähe beides zusammen.

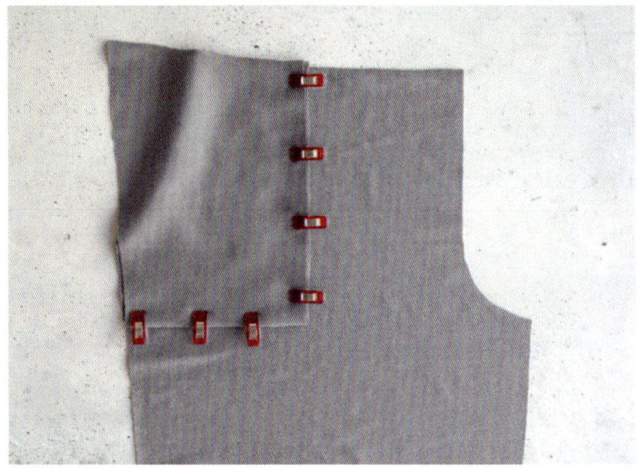

Fixiere dir den Taschenbeutel zum Weiternähen seitlich und oberhalb am Kleidungsstück.

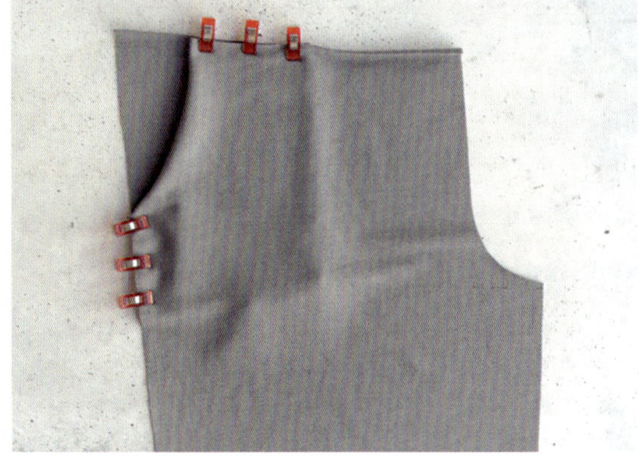

Wenn du einen dickeren Stoff vernähst, kann eine Tasche schnell auftragen und sich schwer weiter vernähen lassen.

Die Tasche wird dünner, wenn du den kleineren Taschenbeutel (oder beide Taschenbeutel) aus einem dünneren Stoff mit ähnlicher Dehnbarkeit zuschneidest. Für diese Gelegenheiten kannst du perfekt Stoffreste nutzen.

Genäht wird die Tasche nach demselben Prinzip, sie wird nur insgesamt flacher.

Variante 2

Das ist meine Lieblingsvariante für dickere Stoffe. Ich lasse den kleineren Taschenbeutel einfach weg und nähe den großen Taschenbeutel direkt an das Kleidungsstück. Natürlich ist die Naht so von außen sichtbar. Ich finde allerdings, dass das ein schönes Designelement sein kann.

Versäubere den Tascheneingriff am Kleidungsstück, klappe ihn auf die linke Seite und nähe ihn fest.

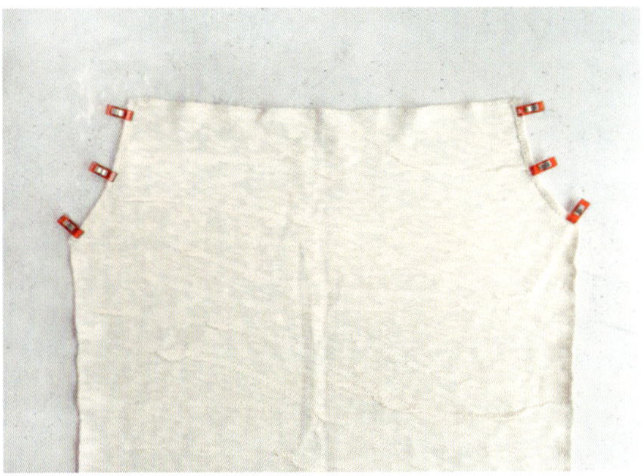

Positioniere nun den Taschenbeutel auf der linken Seite des Kleidungsstücks. Die rechte Seite des Taschenbeutels liegt auf der linken Seite von Hose oder Rock.

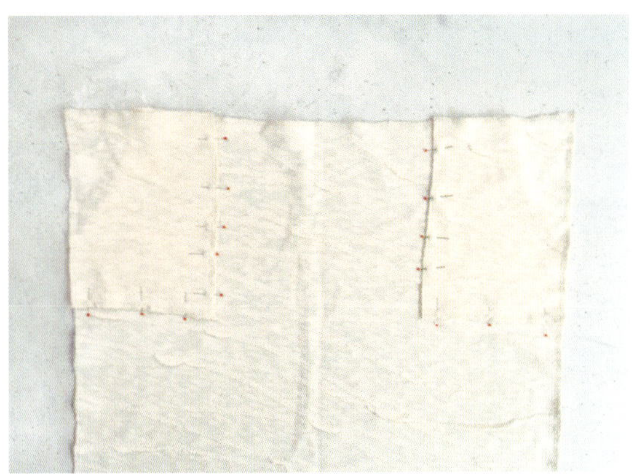

Fixiere nun alles gut und nähe den Taschenbeutel an. Wenn du es gern noch etwas auffälliger magst, kannst du dafür auch einen Zierstich nutzen.

SCHLITZ NÄHEN

Ein Schlitz bringt dir bei etwas körperbetonten Schnitten Bewegungsfreiheit, kann aber auch einfach als schöner Hingucker genutzt werden.

Schlitz in eine Naht nähen

Versäubere die Schnittkanten und markiere dir die Schlitzhöhe. Lege die Schnittteile rechts auf rechts und nähe die versäuberten Seiten bis zum markierten Schlitzende mit der Nähmaschine zusammen.

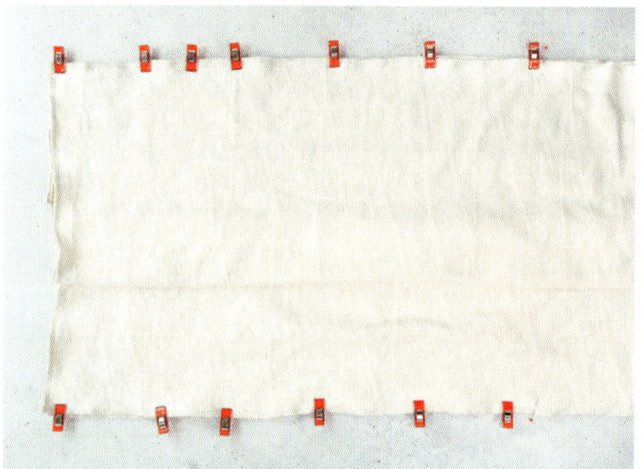

Klappe die Nahtzugabe des Schlitzes auseinander, fixiere sie mit Stecknadeln und nähe sie fest. Nähe dazu an einer Seite des Schlitzes hoch, dann gerade über das Ende des Schlitzes und auf der anderen Seite herunter.

Klappe die untere Saumzugabe auf die linke Seite und nähe sie fest.

Schlitz mit Beleg nähen

Bei dieser Variante kann der Schlitz an beliebiger Stelle platziert werden. Verstärke die Stelle des Schlitzes sowohl am Kleidungsstück, als auch am Beleg.

Schneide dir einen Stoffstreifen als Beleg zurecht. Er sollte die Länge des Schlitzes + 1 cm Nahtzugabe haben. Ich empfehle dir eine Breite des Belegs von 5 cm. Optional kannst du den Beleg auch noch versäubern.

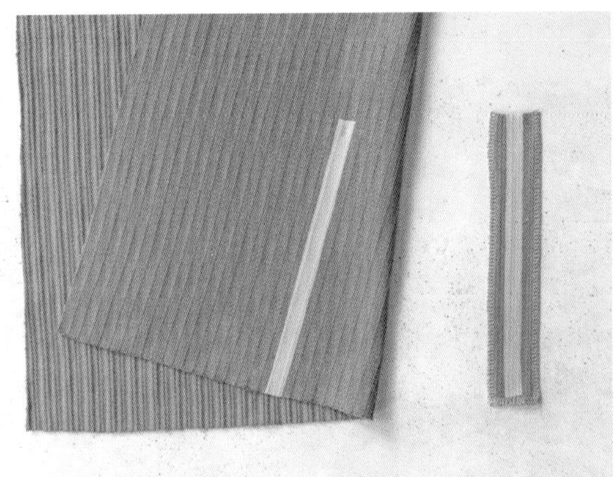

Markiere dir den Schlitz auf der rechten Stoffseite des Kleidungsstücks und auf der linken Seite des Belegs. Platziere den Beleg dann rechts auf rechts auf dem Kleidungsstück, hefte ihn fest und nähe ihn rechts und links entlang der Schlitzmarkierung im Abstand von 2–3 mm fest.

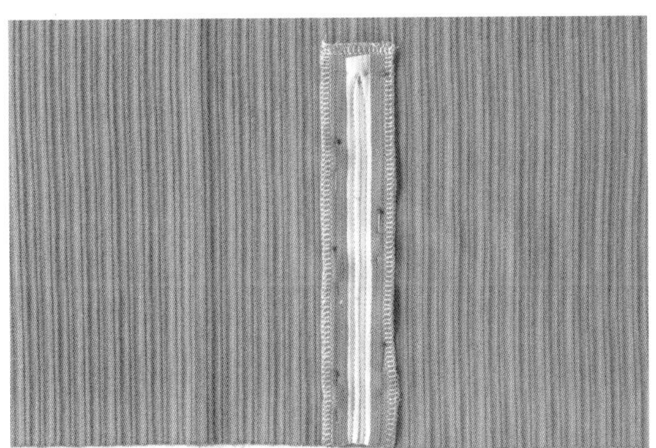

Schneide den Schlitz dann entlang der Markierung ein.

Wende den Beleg auf die Innenseite. Du kannst die Kante nun zusätzlich knappkantig absteppen. Sollte der Beleg zu breit sein, kannst du ihn auch noch zurückschneiden.

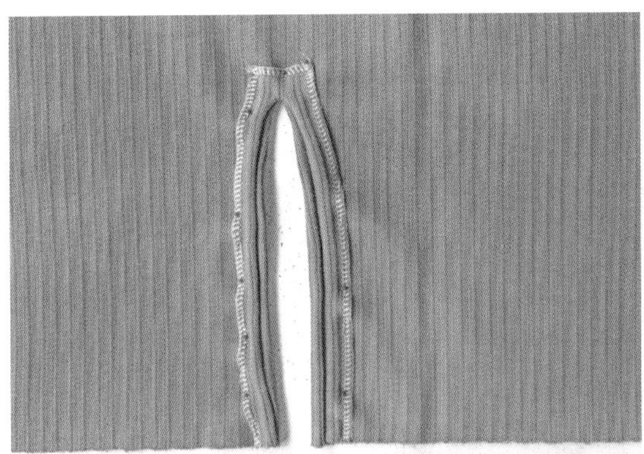

BUND NÄHEN

Ein Bund kann auf viele verschiede Arten genäht werden. Hier scheiden sich in der Nähwelt die Geister und oft entwickelt sich in der Nähkarriere die Vorliebe für eine Variante. Ich nutze wirklich jede der folgenden Möglichkeiten, abhängig von Stoffdicke oder Dehnbarkeit.

Bund in gleicher Größe

Diese Bundvariante wird häufig für Hosen oder Röcke verwendet. Ich mag sie sehr gern, da sie einen etwas edleren und hochwertigen Look hat, obwohl sie gar nicht schwer zu nähen ist. Der Bund hat dieselbe Länge wie das Kleidungsstück und wird dann durch ein Gummiband gerafft.

Nimm die zugeschnittenen Bundschnittteile, lege sie rechts auf rechts und nähe sie an den kurzen Seiten zusammen.

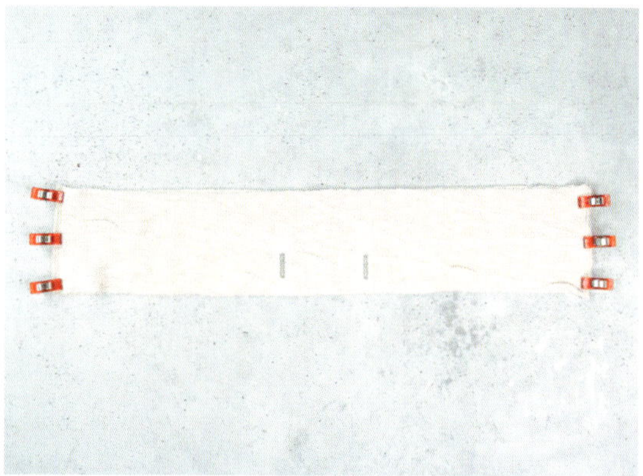

Miss an deinem Körper deine Wohlfühllänge des Gummibands ab. Addiere zu dieser Länge nochmal 3–4 cm Nahtzugabe und schneide es zu. Schließe das Gummiband anschließend zu einem Kreis.

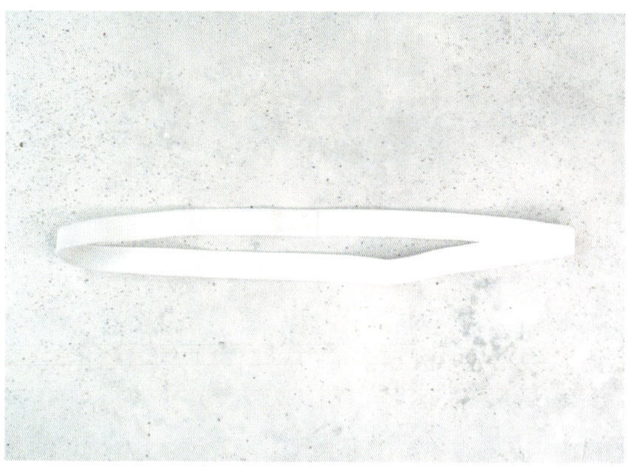

Falte den Bund nun längs in der Mitte, sodass die rechte Seite außen ist, und lege das Gummiband hinein. Hefte ihn an das Kleidungsstück. Die Nähte von Bund und Kleidungsstück liegen übereinander. Nähe den Bund an.

Sollte dir diese Variante zu fummelig sein, ziehe den Gummi erst nach dem Annähen des Bundes ein. Gehe dazu wie folgt vor:

Nähe den Bund an, lass aber eine 3–4 cm große Öffnung, durch die das Gummiband eingezogen werden kann. Verriegle Anfang und Ende der Naht gut, da beim Einziehen des Gummis Zug auf die Naht ausgeübt wird.

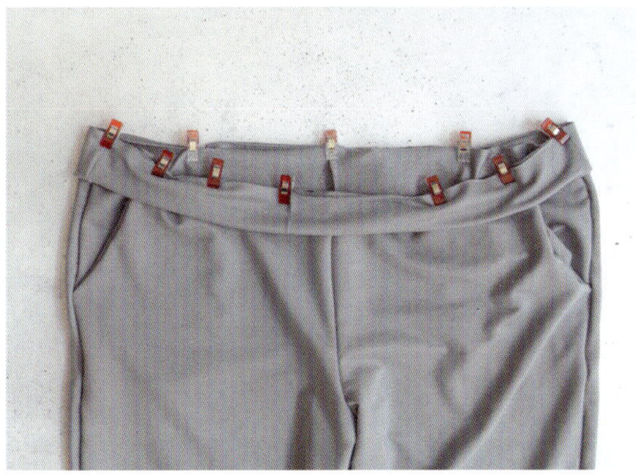

Ziehe dann das Gummiband mit einer Sicherheitsnadel in den Bund ein, vernähe die Enden miteinander und schließe die Naht am Bund.

Bündchen in kleinerer Größe

Wenn du zum Beispiel einen Bund an einen Halsausschnitt nähen möchtest oder den Wäschegummi an Hose oder Bustier nähst, wird er etwas kleiner zugeschnitten und dann leicht gedehnt an den Ausschnitt genäht. Da der Stoff oder Gummi nach dem Annähen wieder in seine Ursprungslänge zurückgeht, legt der Ausschnitt sich schön an den Körper an.

Als Bündchen kannst du alle Arten von dehnbaren Stoffen nutzen.

Da alle Stoffe eine unterschiedliche Dehnbarkeit mitbringen, kann die Bündchenlänge variieren. Eine gute Faustformel, um die Länge zu ermitteln, ist folgende:

Miss den Umfang des Ausschnitts aus. Nimm diesen Wert und multipliziere ihn mit 0,8. Addiere nun 2 cm als Nahtzugabe zur Länge dazu. Nun hast du deine Länge des Bündchens.

Ein Gummiband für Hose oder Bustier schneidest du in deiner Wohlfühllänge ab. Achte auf die Dehnbarkeit. Es muss für das Annähen auf die Weite des Kleidungsstücks gedehnt werden.

Schneide Bündchen oder Gummiband zurecht und schließe es wieder zu einem Kreis.

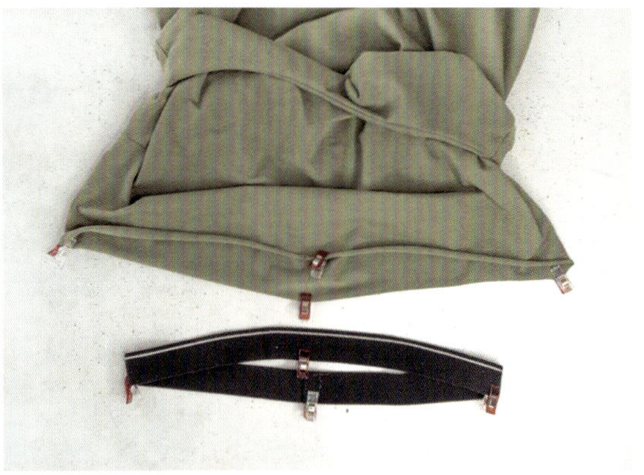

Teile sowohl den Ausschnitt als auch das Bündchen/den Gummi in 4 gleich große Teile ein und markiere sie. Lege dann das Bündchen rechts auf rechts an den Ausschnitt und nähe es an. Wenn die Markierungen dabei übereinander liegen, wird das Bündchen/der Gummi gleichmäßig gedehnt angenäht.

Nach dem Annähen geht es in seine Form zurück und das Kleidungsstück wird gerafft.

Die ganz flexible Variante

Wenn du ein Bündchen annähen möchtest, aber die Länge und Dehnbarkeit nicht genau einschätzen kannst, dann empfehle ich dir diese Variante. Sie wird auch sehr oft bei Kaufshirts genutzt. Ich mag sie auch besonders, wenn es um ganz kleine Ausschnitte wie beispielsweise an Kinderkleidung geht.

Nähe den Ausschnitt des Kleidungsstücks so zusammen, dass er noch an einer Seite geöffnet ist.

Schneide das Bündchen wieder in deiner Wunschbreite zu. Es sollte mindestens die Länge des Ausschnitts haben. Falte es längs, sodass die rechte Seite außen ist.

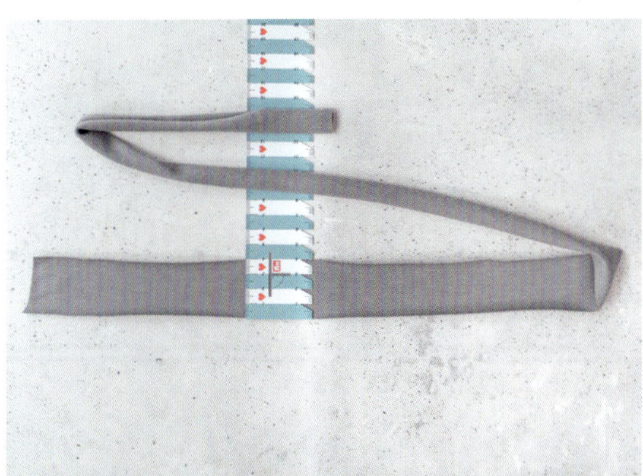

Hefte es nun leicht gedehnt an den Ausschnitt und nähe es an. Du hast beim Annähen nun immer noch die Möglichkeit, die Dehnbarkeit zu beeinflussen.

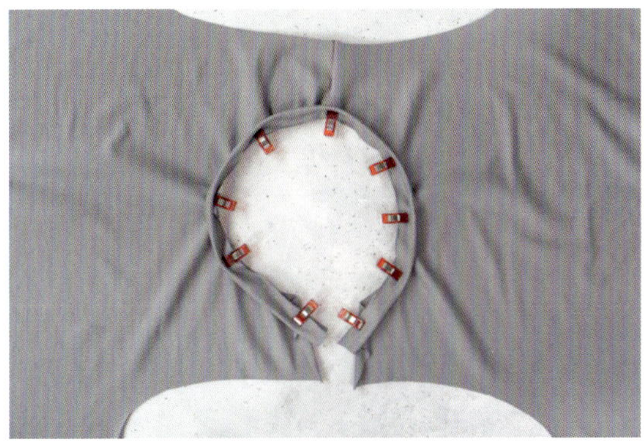

Nähe dann die offene Seite zusammen.

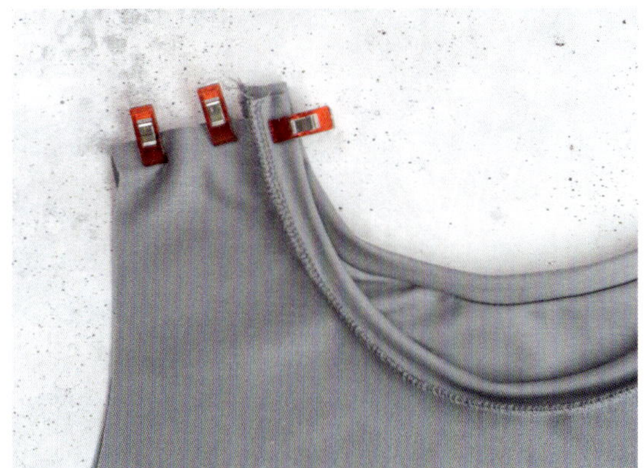

KAPUZE ANNÄHEN

Für das Annähen der Kapuze möchte ich dir zwei Varianten zeigen.

Variante 1

Soweit es möglich ist, nutze ich diese Variante zum Annähen einer Kapuze. Ich mag sie deshalb so sehr, weil sie ohne weitere Hilfsmittel einen schönen sauberen Abschluss hat.

Nähe jeweils zwei Kapuzenschnittteile rechts auf rechts zusammen. Lass bei einer Kapuze eine Wendeöffnung.

Stecke beide Kapuzen rechts auf rechts ineinander und nähe sie zusammen.

Hefte die Kapuze mit der Öffnung rechts auf rechts an den Ausschnitt.

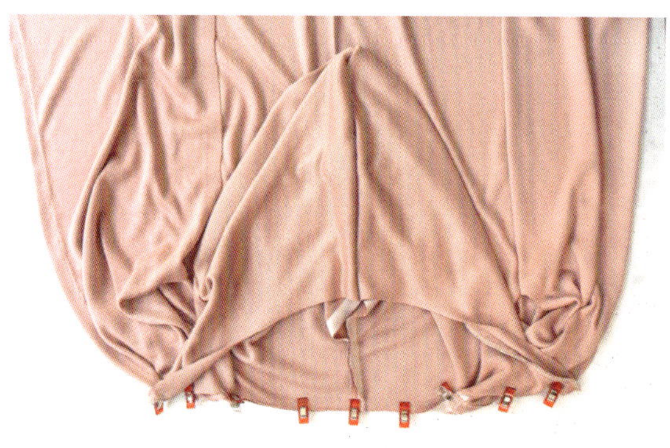

Stecke nun das Kleidungsstück in die Kapuze. Nimm dann das zweite Kapuzenteil und stecke es rechts auf rechts auf das erste Kapuzenteil. Du nähst jetzt drei Lagen Stoff zusammen: Kapuze-Ausschnitt-Kapuze.

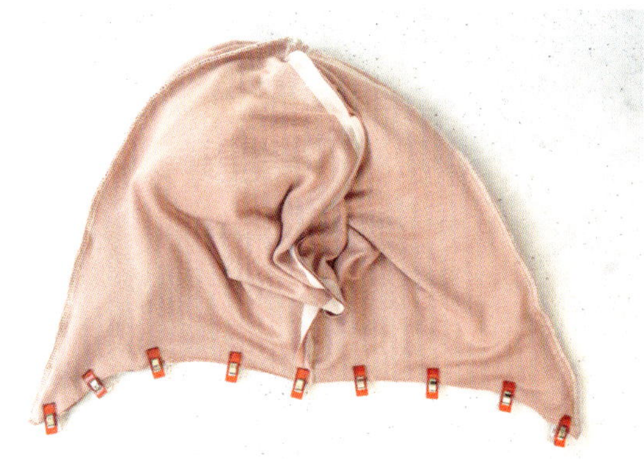

Wende dann alles durch die Öffnung und nähe sie zu.

Am schönsten sieht es aus, wenn du die Öffnung mit dem Leiterstich (Matratzenstich oder Zauberstich) unsichtbar per Hand vernähst.

Du klappst die Nahtzugabe nach innen um und nähst dann wie in der Abbildung von Kante zu Kante.

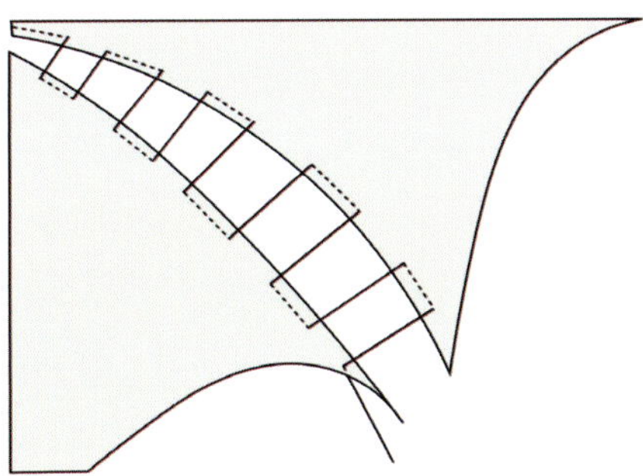

Nähe die Kapuze so früh wie möglich an, damit du so wenig wie möglich in der Kapuze verstauen musst. Wenn dein Kleidungsstück Ärmel hat, nähe diese also erst nach der Kapuze an.

Variante 2

Eine andere einfache Variante ist folgende: Nähe jeweils zwei Kapuzenschnittteile rechts auf rechts aneinander.

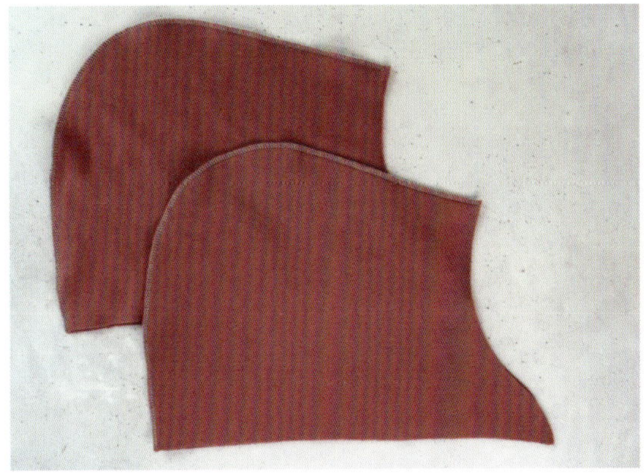

Stecke sie dann rechts auf rechts ineinander und nähe sie zusammen. Optional kannst du eine Öffnung für ein Band oder eine Kordel lassen.

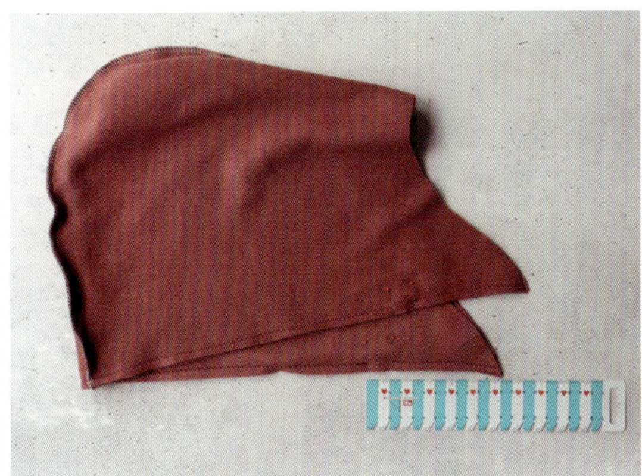

Wende dann die Kapuze so, dass die rechte Seite außen ist. Du kannst jetzt auch den Tunnel für Kordel oder Band abnähen.

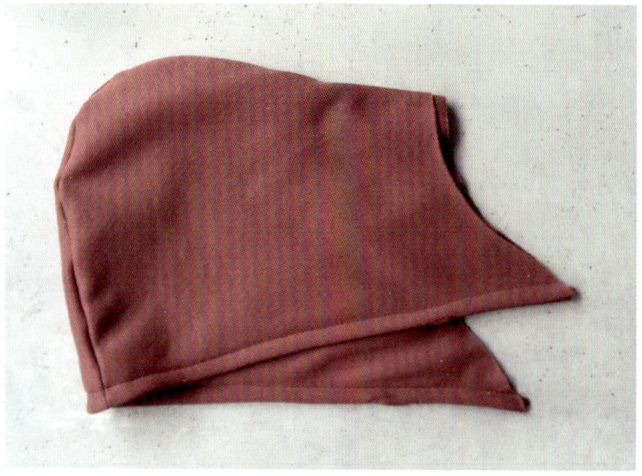

Wende das Kleidungsstück auf links, stecke die Kapuze rechts auf rechts von innen an den Halsausschnitt und nähe anschließend alles zusammen.

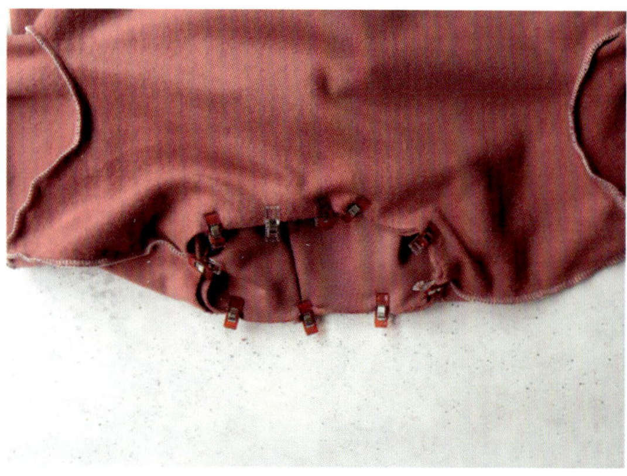

So liegt die Nahtzugabe nach dem Nähen natürlich frei und ist sichtbar. Möchtest du sie verdecken, kannst du einen sogenannten „Streberstreifen" verwenden (siehe Seite 32).

ÖSEN UND KNOPFLÖCHER

Deine Loungewear kannst du durch eine Kordel etwas sportlicher oder mit Satinbändern etwas edler gestalten. Dazu brauchst du an Bund oder Kapuze natürlich eine Öffnung, durch die Band oder Kordel eingezogen werden können.

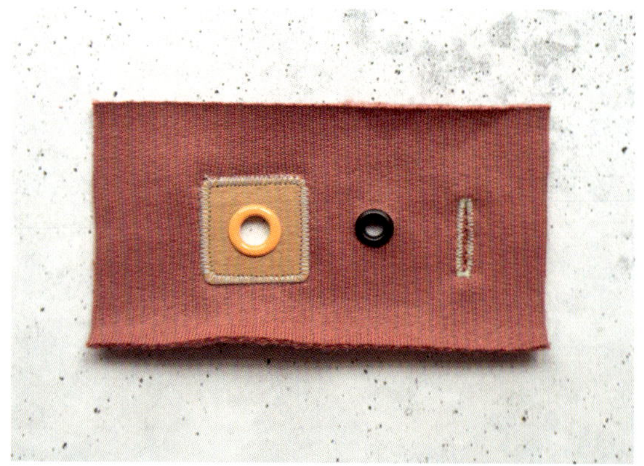

Am bekanntesten sind an dieser Stelle Ösen. Man kann sie klassisch einschlagen oder mit einer Ösenzange befestigen. Lies auf jeden Fall die jeweilige Packungsbeilage und probiere die Öse an einem Reststück des Stoffs aus, dann geht mit ein bisschen Übung auch nichts schief.

Wenn du dich vor dieser Variante scheust, kannst du auch Ösen zum Aufnähen nutzen. Ich finde sie wahnsinnig praktisch und es gibt sie in vielen verschiedenen Varianten.

Sollte das auch nichts für dich sein, oder du hast gerade keines von beiden greifbar, nähe doch einfach ein Knopfloch.

Egal für welche Variante du dich entscheidest, du solltest die Rückseite des Stoffs mit Einlage verstärken, damit beim Tragen nichts ausreißt.

Dafür gibt es sogar ganz spezielle Einlage namens Wonderdot, du kannst aber auch einfach Reste von Bügeleinlage nutzen. Ich schneide mir auch gern einfach ein kleines Stück Nahtband ab.

ELASTISCHES NAHTBAND

Bei sehr elastischen oder dickeren, schwereren Stoffen können sich die Nähte aushängen und das Kleidungsstück verliert beim Tragen die Form. Um das zu vermeiden, kannst du an den Schnittkanten elastisches Nahtband aufbügeln. Es verstärkt die Kanten etwas, ein bisschen Elastizität bleibt aber erhalten und die Naht leiert beim Tragen nicht aus.

Der Kleber des Nahtbands versiegelt außerdem beim Aufbügeln die Schnittkanten und du brauchst sie so nicht mehr zu versäubern.

Hast du Jersey oder Sweat, bei dem sich die Kanten extrem einrollen und das Nähen richtig schwierig ist? Dann probiere auch hier unbedingt elastisches Nahtband aus! Die Kanten bleiben so gerade und lassen sich viel einfacher vernähen.

DAS BESONDERE ETWAS

Loungewear erhält dann das besondere Etwas, wenn du die Farben der Kleidungsstücke aufeinander abstimmst und kleine Details einarbeitest.

Nimm zum Beispiel ein Satinband statt einer Kordel oder verstecke die Nahtzugabe des Halsbündchens hinter dem sogenannten „Streberstreifen“. Probiere ihn einfach mal aus. Du wirst sehen, er ist überhaupt nicht schwer zu nähen.

Du benötigst dazu Schrägband, das entweder nur am Rückenteil von Schulternaht zu Schulternaht oder am gesamten Ausschnitt angenäht wird.

Nimm das Schrägband und nähe es rechts auf rechts auf die Nahtzugabe.

Lege dann das Schrägband um die Nahtzugabe und nähe es am Kleidungsstück fest.

SCHNITTE MITEINANDER KOMBINIEREN

Alle Oberteile können ganz einfach an alle Unterteile genäht werden. So kannst du dir zum Beispiel aus Top und Hose einen tollen Jumpsuit zaubern. Die Weiten der Schnittteile sind dafür extra aufeinander abgestimmt. Schneide dazu das Oberteil bis ca. 5 cm unterhalb der Taillenlinie zu. Die Höhe kannst du nach Belieben so anpassen, dass sie für dich passt. Hose oder Rock schneidest du nach Schnittmuster zu und nähst beides zusammen.

Die Kleidungsstücke haben dann eine lässige Passform.

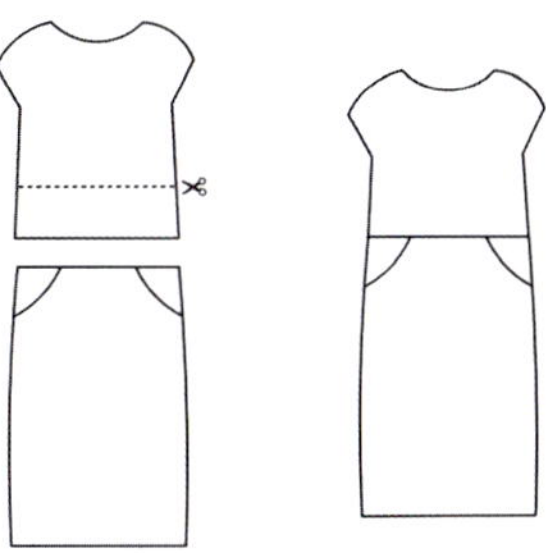

Als zweite Variante kannst du einen Tunnel zwischen Ober- und Unterteil einnähen und in ihm ein Gummiband verstecken. Auch hierfür wird das Oberteil gekürzt. Da der Tunnel zusätzliche Länge bringt, kannst du das Oberteil meist direkt auf Taillenhöhe zuschneiden.

Möchtest du das Oberteil etwas schoppen, schneide es in Shirtlänge zu.

TIPP

Gib beim Zuschneiden des Oberteils lieber etwas Länge hinzu. Du kannst Hose oder Rock vor dem endgültigen Zusammennähen an das Oberteil heften und die Länge dann noch einmal problemlos korrigieren.

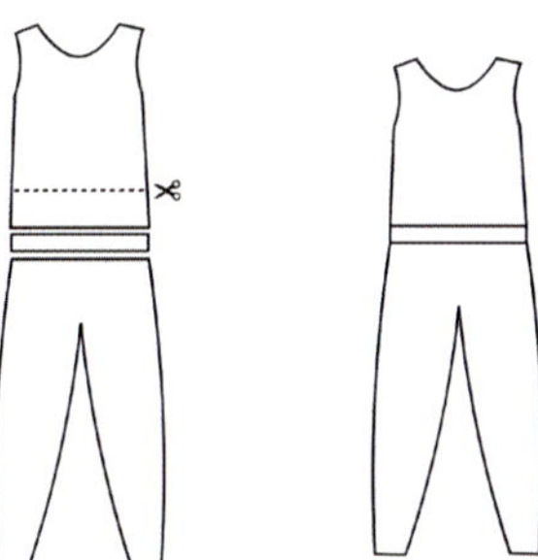

Auf den Schnittmusterbogen findest du Schnittteile, die nur für einzelne Modelle in diesem Buch verwendet werden. Du kannst sie aber natürlich auch ganz frei mit deinen Basic-Teilen kombinieren. Wie wäre es zum Beispiel mit dem Basic-Top mit geknoteten Trägern oder einer Kapuze am lässigen Shirt aus Jersey?

GRUND-SCHNITTE

- Basic-Shirt
- Basic-Kleid
- Basic-Hose
- Basic-Sweater
- Basic-Rock
- Basic-Shorts
- Basic-Top

02

Die Schnittbogen enthalten 6 Grundschnittmuster. Sie sind alle aufeinander abgestimmt und ergeben zusammen schicke und lässige Outfits.

SOFIA

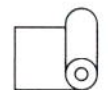

STOFFEMPFEHLUNG

Jersey, dünner Sweatstoff oder leichter Strick

VERNÄHTER STOFF

Bio Slub Jacquard
100 % Bio-Baumwolle

STOFFVERBRAUCH

Bei einer Stoffbreite von 1,40 m für alle Größen 0,70 m.

DU BRAUCHST

- **Shirt | Kleid | Sweater** Vorderteil 1× im Bruch (SB 3)
- **Shirt | Kleid | Sweater** Rückenteil 1× im Bruch (SB 3)

beides in Shirtlänge zugeschnitten

TIPP

Da es sich hierbei um einen Strickstoff handelt, versäubere beide Schnittteile als Erstes ringsum und nähe die Nähte mit der Nähmaschine.

1 Lege Vorderteil und Rückenteil rechts auf rechts aufeinander und nähe beides an den Schultern zusammen.

2 Klappe den Halsausschnitt, nachdem du ihn versäubert hast, auf die linke Stoffseite und nähe ihn an.

3 Schlage die versäuberte Nahtzugabe der Ärmel ebenfalls um und nähe auch sie fest.

4 Lege Vorderteil und Rückenteil wieder rechts auf rechts und nähe die Seiten zusammen.

5 Klappe die Saumzugabe ebenfalls auf die linke Stoffseite und nähe sie an. Du kannst sie dabei nach Belieben ein- oder zweimal umklappen.

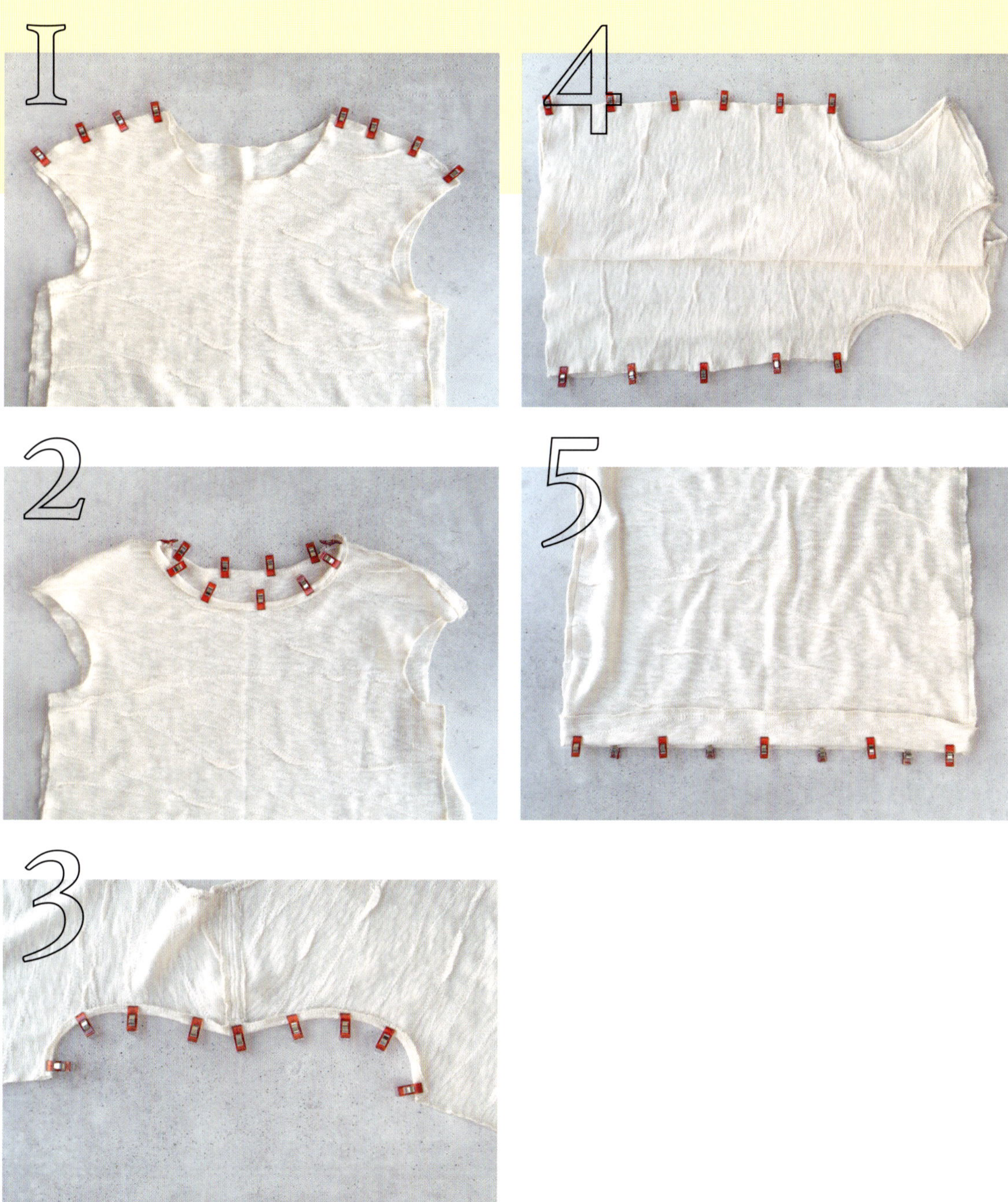

MELINDA Basic-Kleid

STOFFEMPFEHLUNG

Jersey, Sweatstoff oder leichter Strick

VERNÄHTER STOFF

Bio-Strick Selankik
100 % Bio-Baumwolle

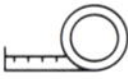

STOFFVERBRAUCH

Bei einer Stoffbreite von 1,40 m für alle Größen 1,20 m.

DU BRAUCHST

- **Shirt | Kleid | Sweater** Vorderteil 1× im Bruch (SB 3)
- **Shirt | Kleid | Sweater** Rückenteil 1× im Bruch (SB 3)
beides in Kleidlänge zugeschnitten
- Belegstreifen, Schlitzlänge + 1 cm und 5 cm breit

TIPP

Du kannst das Basic-Kleid auch mit einem oder zwei seitlichen Schlitzen nähen, gehe dann beim Nähen des Schlitzes wie bei den Basic-Shorts vor.

1 Lege Vorderteil und Rückenteil rechts auf rechts aufeinander und nähe beides an den Schultern zusammen.

2 Versäubere die Saumzugabe der Ärmel, klappe sie auf die linke Stoffseite und nähe die Saumzugabe fest.

3 Ich habe den Schlitz nicht seitlich, sondern sichtbar im Vorderteil platziert. Dafür probiere ich das Kleid vorher an und schaue, wo der Schlitz platziert werden soll und wie lang er sein muss, damit ich bequem laufen kann. Hier geht er bis zum Rüschenansatz, der im Schnittmuster angezeichnet ist. Schneide dir einen Stoffstreifen als Beleg zurecht. Er sollte die Länge des Schlitzes + 1 cm Nahtzugabe haben. Ich empfehle dir eine Belegbreite von 5 cm. Wenn du magst, kannst du den Beleg auch noch versäubern. Verstärke außerdem die linke Seite des Vorderteils und des Belegs dort, wo der Schlitz eingeschnitten wird.

4 Markiere dir den Schlitz auf der rechten Stoffseite des Kleidungsstücks und auf der linken Seite des Belegs. Platziere den Beleg dann rechts auf rechts auf dem Kleidungsstück, hefte ihn fest und nähe ihn rechts und links entlang der Schlitzmarkierung im Abstand von 2–3 mm fest.

5 Schneide den Schlitz dann entlang der Markierung ein.

1

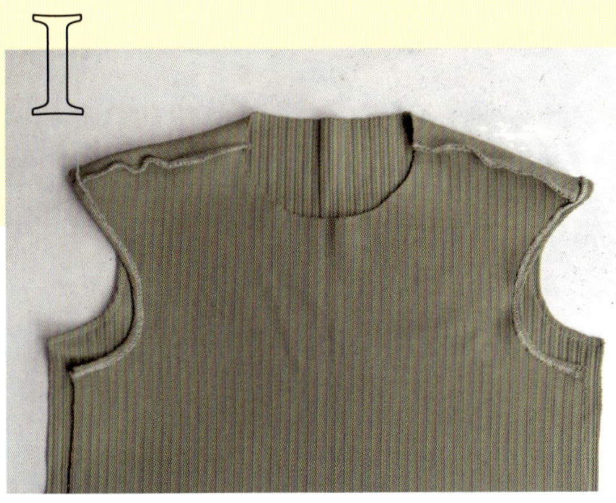

4

2

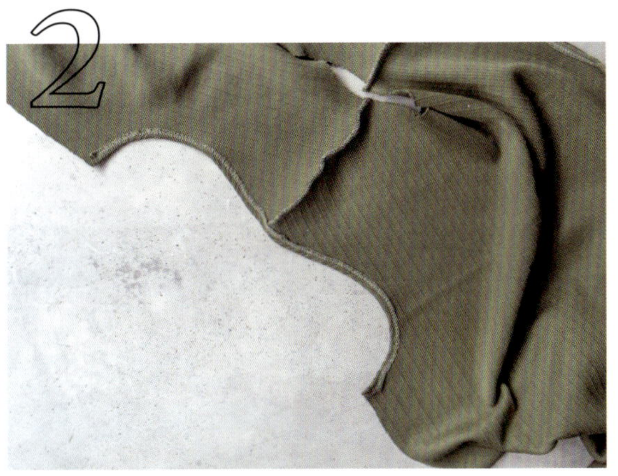

5

3

6 Wende den Beleg auf die Innenseite. Du kannst die Kante nun zusätzlich knappkantig absteppen, damit sie auf der rechten Seite des Kleids nicht sichtbar ist. Sollte der Beleg zu breit sein, kannst du ihn auch noch zurückschneiden.

7 Lege Vorderteil und Rückenteil wieder rechts auf rechts und nähe die Seiten zusammen.

8 Versäubere den Halsausschnitt, klappe ihn auf die linke Stoffseite und nähe ihn an.

9 Klappe die untere Saumzugabe auf die linke Seite oder schlage sie doppelt ein und nähe sie fest.

6

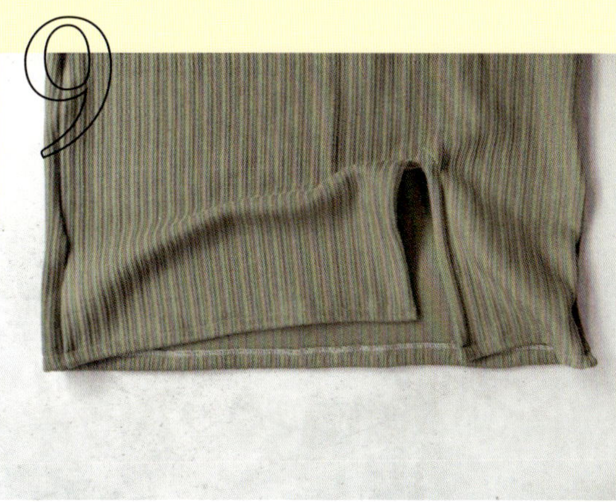
9

7

8

EMMIE Basic-Hose

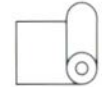

STOFFEMPFEHLUNG

Jersey, dünner Sweatstoff

VERNÄHTER STOFF

Light Terry Sweat
(94 % Tencel™ Lycocell,
6 % Elastan)

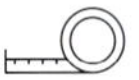

STOFFVERBRAUCH

Bei einer Stoffbreite von 1,40 m
für alle Größen 1,80 m.

DU BRAUCHST

- **Hose** Vorderhose 2 × gegengleich (SB 1)
- **Hose** Hinterhose 2 × gegengleich (SB 1)
- **Hose** Taschenbeutel groß 2 × gegengleich (SB 1)
- **Hose** Taschenbeutel klein 2 × gegengleich (SB 1)
- **Hose | Shorts | Rock** Bund vorne 1 × im Bruch (SB 4)
- **Hose | Shorts | Rock** Bund hinten 1 × im Bruch (SB 4)
- Gummiband, ca. 3 cm breit

TIPP

Die Länge des Gummibandes kann je nach Elastizität variieren. Miss die Länge an deinem Körper so ab, dass es bequem sitzt und weder rutscht noch einschneidet. Denk beim Zuschneiden an die Nahtzugabe.

1 Lege den kleinen Taschenbeutel mit dem abgerundeten Tascheneingriff rechts auf rechts auf die Vorderhose und nähe ihn am Eingriff an.

2 Klappe den Taschenbeutel auf die linke Hosenseite und platziere den großen Taschenbeutel rechts auf rechts darüber. Nähe jetzt beide Taschenbeutel an den markierten beiden Seiten zusammen.

3 Nähe beide Vorderhosen rechts auf rechts im Schritt zusammen. Damit die Taschenbeutel beim Nähen nicht stören, habe ich sie mit Stoffklammern an den Hosenbeinen fixiert.

4 Nähe die Hinterhosenbeine ebenfalls so zusammen.

5 Lege die Vorderhose rechts auf rechts auf die Hinterhose und schließe die Seitennaht und die innere Beinnaht.

6 Platziere den vorderen und hinteren Bund rechts auf rechts aufeinander und nähe beides an den kurzen Seiten zusammen.
Falte den Bund längs, sodass die rechte Seite außen ist. Hefte ihn an den Hosenbund und nähe ihn an. Lass dabei eine 3–4 cm große Öffnung, in die später das Gummiband eingezogen wird.

1

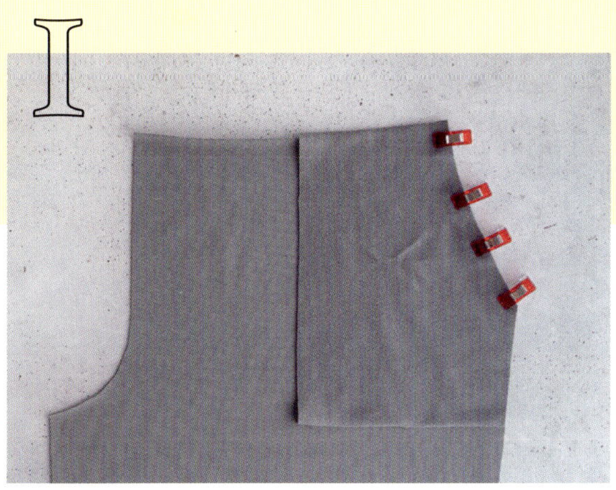

2

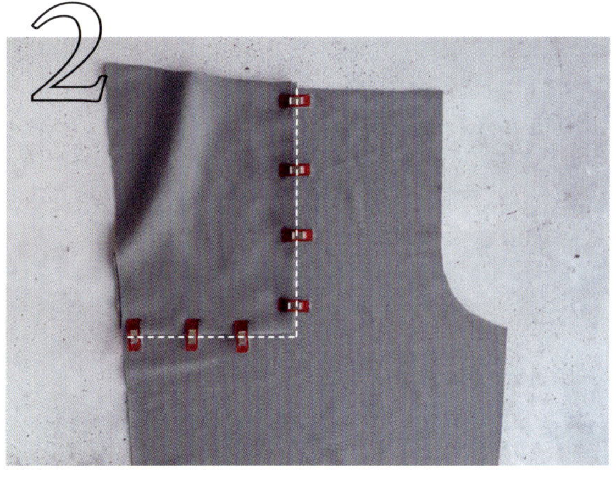

3

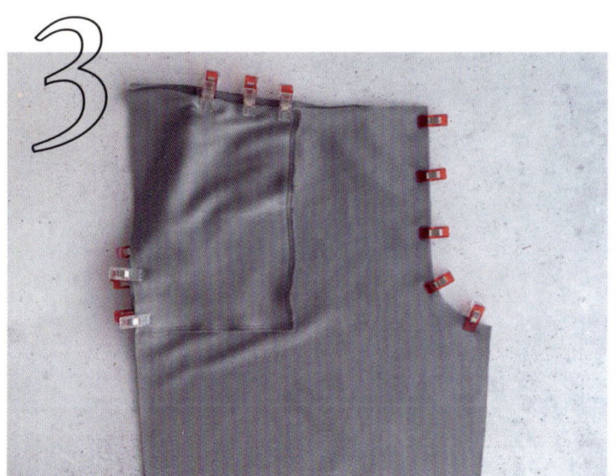

4

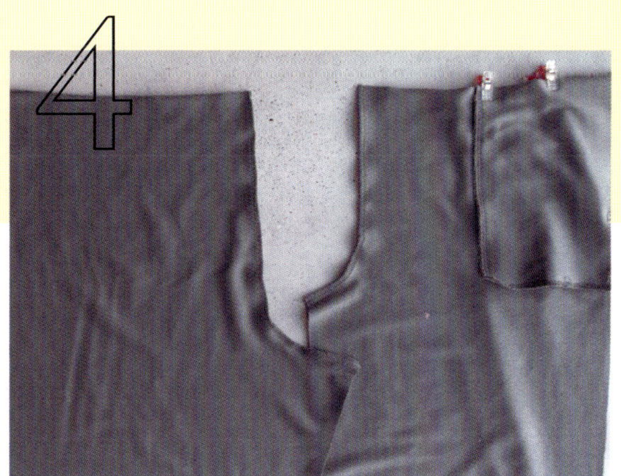

5

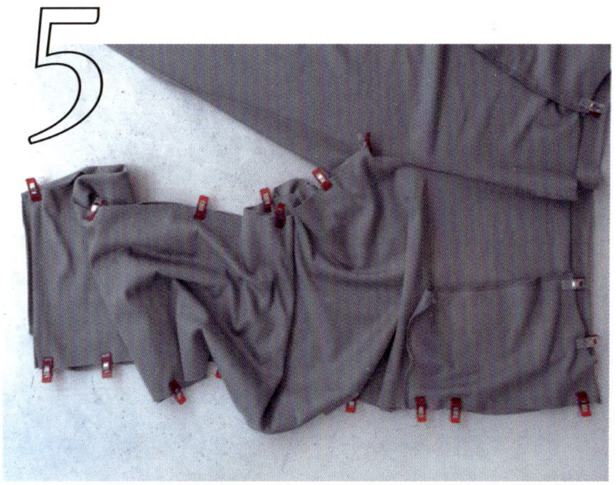

6

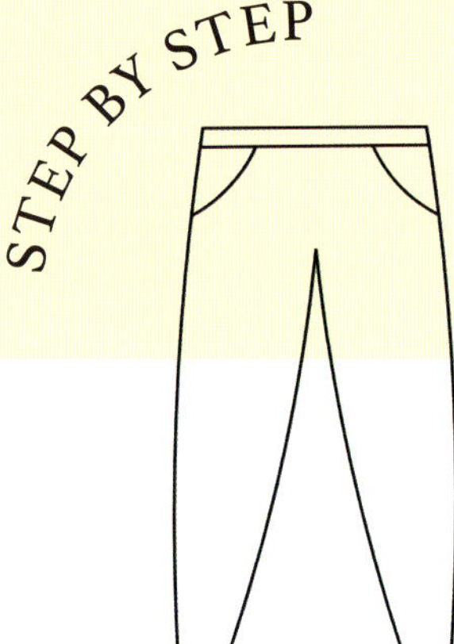

7 Miss das Gummiband in deiner Wohlfühllänge ab. Ziehe es in den Bund ein – dafür kannst du es an einer Sicherheitsnadel befestigen, um es leichter durch den Stofftunnel schieben zu können. Nähe die Enden zusammen und schließe dann die Öffnung am Bund.

8 Als Letztes werden die Hosenbeine versäubert. Klappe dazu die Saumzugabe ein- oder zweimal auf die linke Seite um und nähe sie fest.

7

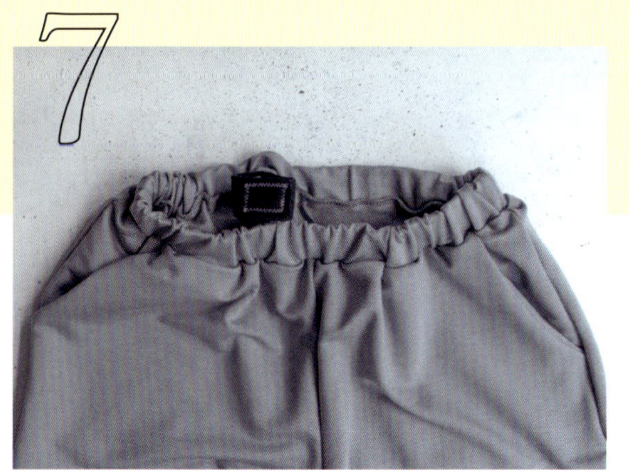

8

ANNIE Basic-Sweater

STOFFEMPFEHLUNG

Sweatstoff oder leichter Strick

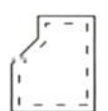

VERNÄHTER STOFF

Organic basic Brushes Sweat (Bio-Kuschelsweat)
100 % Bio-Baumwolle

STOFFVERBRAUCH

Bei einer Stoffbreite von 1,40 m für alle Größen 1,70 m.

DU BRAUCHST

- **Shirt | Kleid | Sweater** Vorderteil 1× im Bruch (SB 3)
- **Shirt | Kleid | Sweater** Rückenteil 1× im Bruch (SB 3) in Shirtlänge + 5 cm Saumzugabe zugeschnitten
- **Shirt | Sweater** Ärmel 2× gegengleich (SB 3)
- **Sweater** Kapuze 4×, je 2× gegengleich (SB 3)
- Gummiband, ca. 3 cm breit und ca. 1,10 m lang
- ggf. Schrägband

TIPP

Du kannst den Gummibund am Shirtende auch weglassen. Schneide Vorder- und Rückenteil dann mit 2 cm Saumzugabe zu.

STEP BY STEP

1 Lege Vorderteil und Rückenteil rechts auf rechts aufeinander und nähe beides an den Schultern zusammen.

2 Lege die Ärmel rechts auf rechts an den jeweiligen Armausschnitt und nähe sie an.

3 Lege Vorderteil und Rückenteil wieder rechts auf rechts und nähe die Seiten in einem Stück bis zu den Ärmelsäumen zusammen.

4 Versäubere nun die Ärmel. Klappe dazu die Saumzugabe auf die linke Seite und nähe sie an.

5 Klappe den Saum deines Sweaters 5 cm auf die Innenseite und nähe ihn fest. Lass aber eine Öffnung von ca. 3 cm. Alternativ kannst du auch das Saum-Bündchen auf Schnittmusterbogen 1 ein mal im Bruch zuschneiden und an dieser Stelle vernähen.

6 Miss dein Gummiband ab. Probiere den Sweater dazu gern an und schau, wie viel Raffung du magst. Rechne zu der idealen Länge deines Gummibandes 4 cm für das Zusammennähen hinzu. Ziehe das Gummiband in den Saum ein – dafür kannst du es an einer Sicherheitsnadel befestigen, um es leichter durch den Stofftunnel schieben zu können. Der Gummi überlappt 2 cm – dort kannst du ihn mit einem elastischen Stich zusammennähen. Schließe dann die Öffnung.

1

2

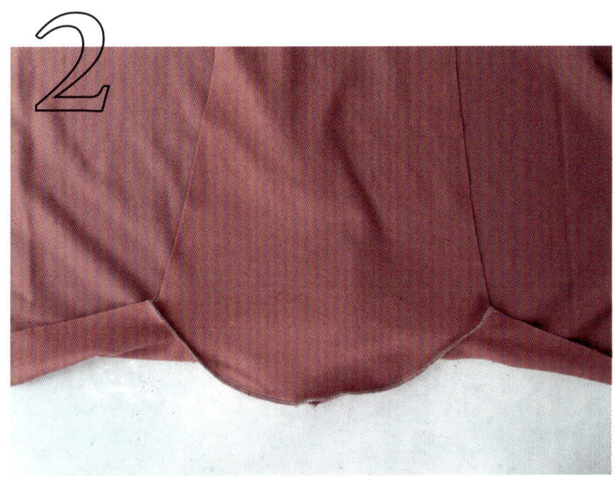

3

4

5

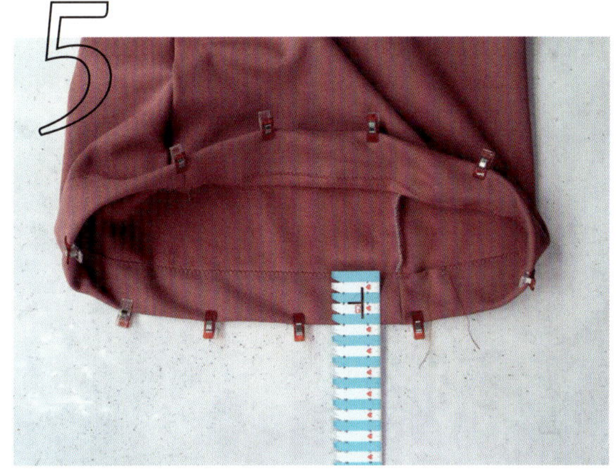

6

7 Lege 2 der 4 Kapuzenteile rechts auf rechts und nähe sie zusammen. Wiederhole den Vorgang für die anderen beiden Kapuzenteile.

8 Nähe dann die 2 kombinierten Kapuzenteile an der Kapuzen-Vorderseite (im Bild unten) rechts auf rechts aneinander. Lass dabei zwei Öffnungen für Kordel oder Band. Nähe dazu auf beiden Seiten die Kapuzenteile 10 cm zusammen, lass die Öffnung von 2 cm und nähe dann die Naht weiter.

9 Du kannst die Nahzugabe an den Öffnungen umklappen und festnähen.

10 Wende die Kapuze, sodass die rechte Seite außen ist, und nähe an der gesamten Kapuzen-Vorderseite entlang einen 2 cm breiten Tunnel.

7

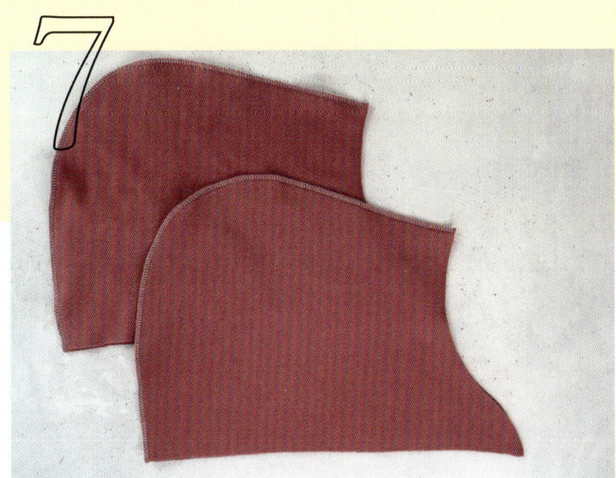

9

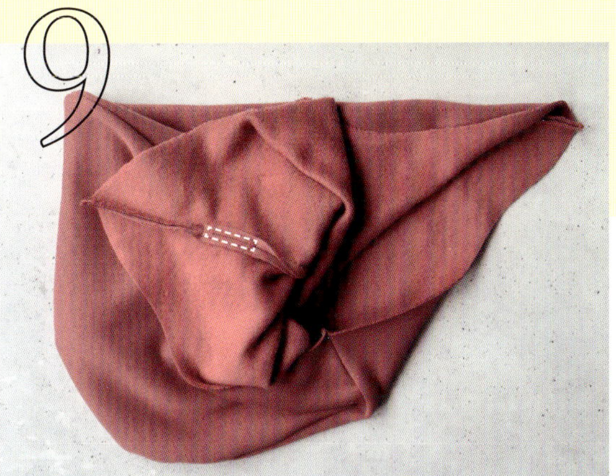

8

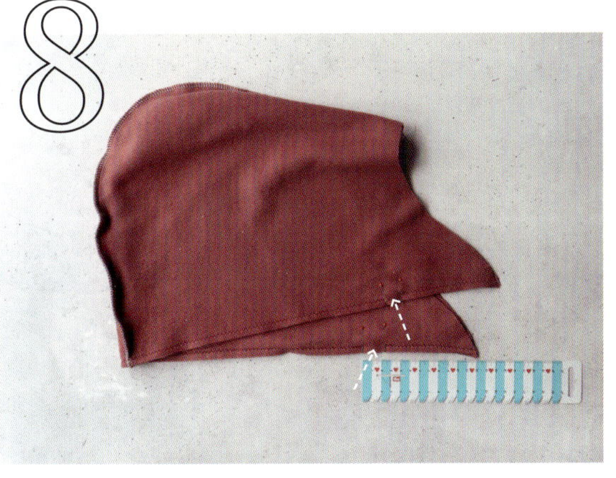

10

11 — Wende nun den Sweater. Beim Sweater ist die linke Seite außen, bei der Kapuze die rechte. Stecke die Kapuze von innen an den Halsausschnitt des Sweaters und nähe sie rundherum an. Die vorderen Spitzen der Kapuze treffen sich. Achte darauf, dass du beim Nähen wirklich alle drei Stofflagen erwischst.

12 — Wenn dich die sichtbare Nahtzugabe stört, kannst du sie mit einem Schrägband verdecken. Nähe dazu das Schrägband an der Seite der Kapuze rechts auf rechts auf die Nahtzugabe.

13 — Schlage dann die Nahtzugabe mit dem Band ein und nähe die eingeschlagene Nahtzugabe am Sweater fest. Ziehe zum Schluss ein Band durch den Tunnel vorne an der Kapuze. Du kannst das Band an einer Sicherheitsnadel befestigen, um es leichter durch den Stofftunnel schieben zu können.

11

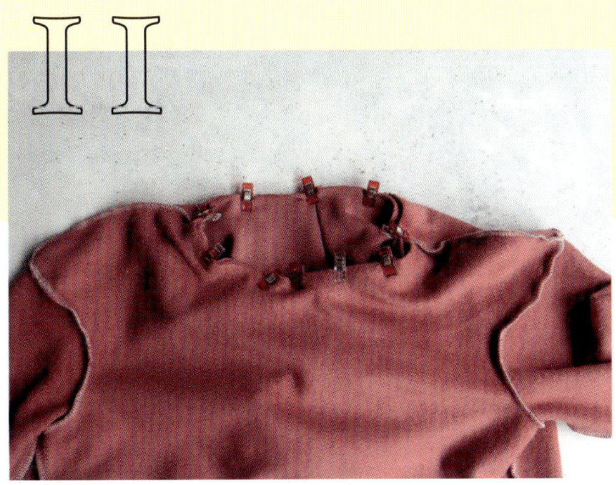

12

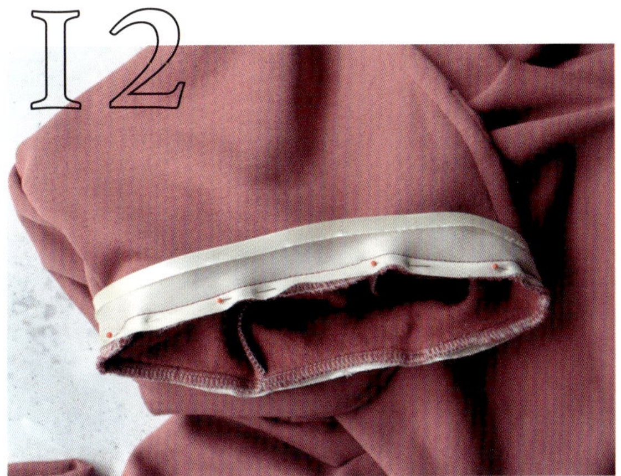

13

COCO Basic-Rock

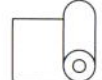

STOFFEMPFEHLUNG

Romanit-Jersey, Sweatstoff oder Strick

VERNÄHTER STOFF

Bio Slub Jacquard
100 % Bio-Baumwolle

STOFFVERBRAUCH

Bei einer Stoffbreite von 1,40 m für alle Größen 1 m.

DU BRAUCHST

- **Rock** Vorderrock 1× im Bruch (SB 2)
- **Rock** Hinterrock 1× im Bruch (SB 2)
- **Rock** Taschenbeutel groß 2× gegengleich (SB 2)
- **Hose | Shorts | Rock** Bund vorne 1× im Bruch (SB 4)
- **Hose | Shorts | Rock** Bund hinten 1× im Bruch (SB 4)
- Gummiband, ca. 3 cm breit und ca. 1,10 m lang

TIPP

Du kannst den Rock etwas edler gestalten, indem du den Bund mit Knopflöchern oder Ösen nähst und ein Satinband oder eine Kordel einziehst.

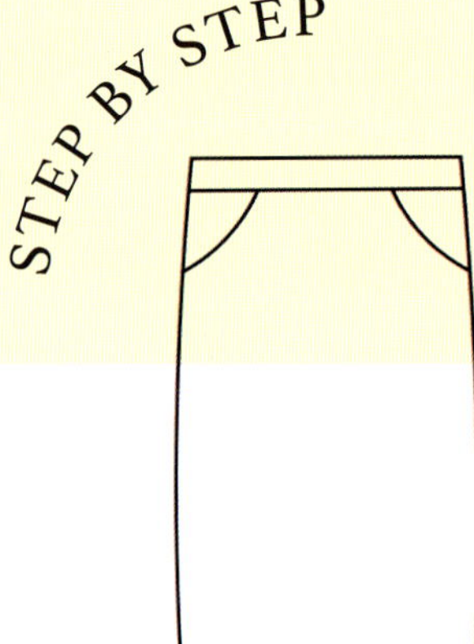

1 Klappe die Nahtzugabe an den Tascheneingriffen am Voderrock auf die linke Seite um und nähe sie anschließend fest.

2 Lege die großen Taschenbeutel mit der rechten Seite auf die linke Seite des Vorderrocks und stecke sie fest.

3 Nähe die Taschenbeutel entlang der markierten Linien im Bild an. An den Seiten kannst du mit Stecknadeln oder Klammern die noch zu vernähenden Kanten des Taschenbeutels feststecken. Sie werden später mit der Seitennaht bzw. am Bund vernäht.

4 Lege Vorderrock und Hinterrock rechts auf rechts und nähe die Seiten mit der Nähmaschine bis zur Markierung des Schlitzes zusammen.

5 Klappe dann die Nahtzugabe der Seitennähte auseinander. Am Schlitz legt sie sich damit automatisch auf die linke Stoffseite. Nähe die Nahtzugabe nun entlang des Schlitzes fest.

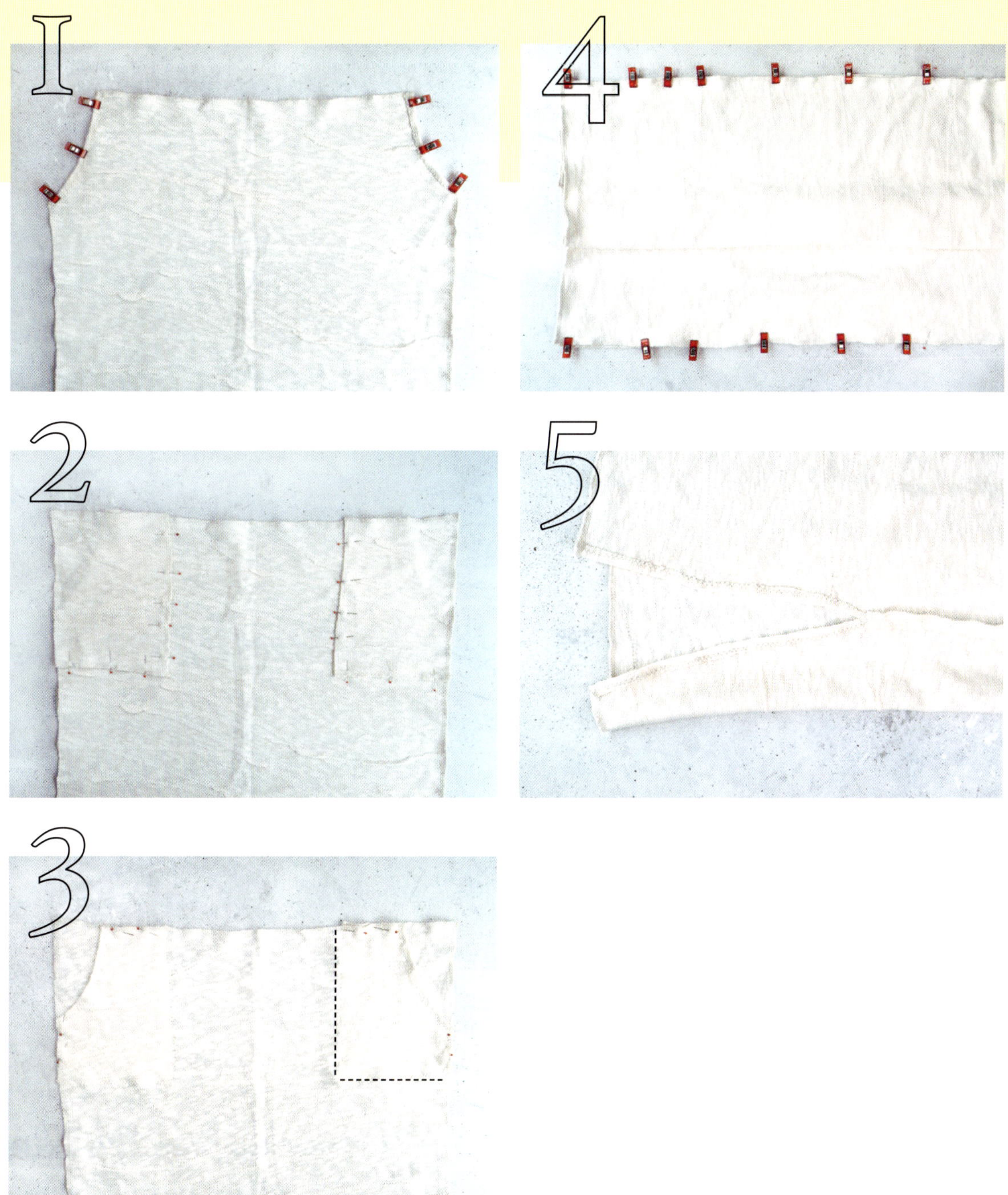
1
2
3
4
5

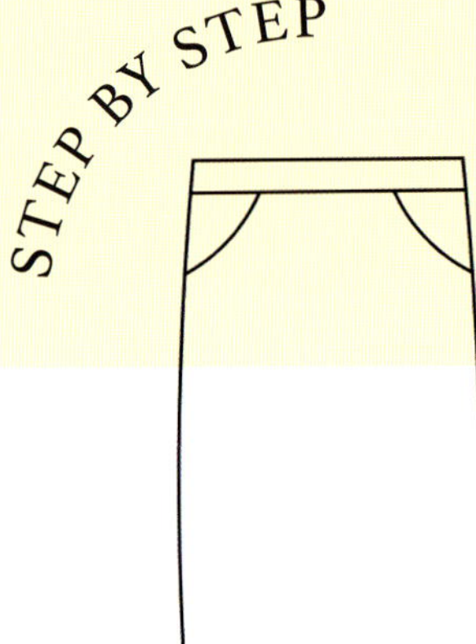

6 Markiere dir am vorderen Bund die Stellen für die Ösen/Knopflöcher. Dazu markierst du mit einer Stecknadel die Mitte des Bündchens. Im Bild habe ich die Knopflöcher je 3,5 cm entfernt von dieser Markierung gesetzt. Bringe die Ösen an oder nähe die Knopflöcher ein.

7 Lege den vorderen und hinteren Bund rechts auf rechts und nähe die kurzen Seiten zusammen.

8 Miss dir dann das Gummiband für den Bund in deiner Wohlfühllänge ab. Achte darauf, dass der Bund so sitzt, dass die Rocklänge nachher für dich passend ist. Die Knielänge ist als Anhaltspunkt im Schnittmuster markiert. Schneide das Gummiband zu und nähe es an den Enden zusammen.

9 Falte den Bund längs, sodass die rechte Seite außen ist, und lege das Gummiband hinein. Hefte dann den Bund zusammen mit dem Gummiband an den Bund der Hose und nähe ihn an. Achte dabei darauf, dass die Knopflöcher oder Ösen vorn mittig platziert sind.

10 Klappe die Saumzugabe unten am Rock nach innen um und nähe sie fest. Jetzt ziehst du nur noch ein Band durch die Knopflöcher vorne am Rock und bindest es zu einer Schleife. Je nach Stimmung und Outfit kannst du unterschiedliche Bänder zuschneiden und bereitlegen.

6
9
7
10
8

STOFFEMPFEHLUNG

leichter Jersey, Sommer-Sweatstoff (French Terry)

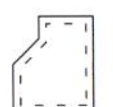

VERNÄHTER STOFF

Derby Ribbed Jersey (95 % TENCEL™ Modal, 5 % Elastan)

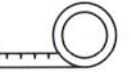

STOFFVERBRAUCH

Bei einer Stoffbreite von 1,40 m für alle Größen 1,30 m.

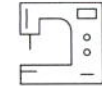

DU BRAUCHST

- **Shorts** Vorderhose 2× gegengleich (SB 2)
- **Shorts** Hinterhose 2× gegengleich (SB 2)
- **Shorts** Taschenbeutel klein 2× gegengleich (SB 2)
- **Shorts** Taschenbeutel groß 2× gegengleich (SB 2)
- **Hose | Shorts | Rock** Bund vorne 1× im Bruch, 9 cm hoch (SB 4)
- **Hose | Shorts | Rock** Bund hinten 1× im Bruch, 9 cm hoch (SB 4)
- Gummiband, 3 cm breit und ca. 1,10 m lang
- elastisches Nahtband

TIPP

Sollte sich die Nahtzugabe an den Rundungen nicht gut umklappen lassen, kannst du mit der Nähmaschine in der Rundung einen Faden einnähen und den Stoff daran etwas raffen. An der Overlock kannst du den Differentialtransport im Bereich der Rundung während des Versäuberns etwas erhöhen.

1 Versäubere die Tascheneingriffe an der Vorderhose mit elastischem Nahtband.

2 Lege den kleinen Taschenbeutel rechts auf rechts an den versäuberten Tascheneingriff und nähe ihn an. Klappe dann die Nahtzugabe Richtung Taschenbeutel und nähe sie auf dem Taschenbeutel fest.

3 Klappe den Taschenbeutel dann auf die linke Seite der Vorderhose.

4 Platziere den großen Taschenbeutel rechts auf rechts auf dem kleinen und nähe sie entlang der im Bild markierten Linien an. Achte darauf, nur die Beutel miteinander zu vernähen und die Vorderhose nicht mitzuverarbeiten. An den Seiten kannst du mit Stecknadeln oder Klammern die noch zu vernähenden Kanten des Taschenbeutels feststecken. Sie werden später mit der Seitennaht bzw. am Bund vernäht. Wiederhole die Schritte 2–4 mit der zweiten Vorderhose und den verbliebenen Taschenbeuteln.

5 Versäubere jetzt alle 4 Shortschnittteile (2 × Vorderhose, 2 x Hinterhose) entlang der langen Seite mit der Rundung. Im Bereich der Rundung klappt sich die Nahtzugabe bereits etwas zur Hose, wenn der Stoff dort ein klein wenig gerafft wird.

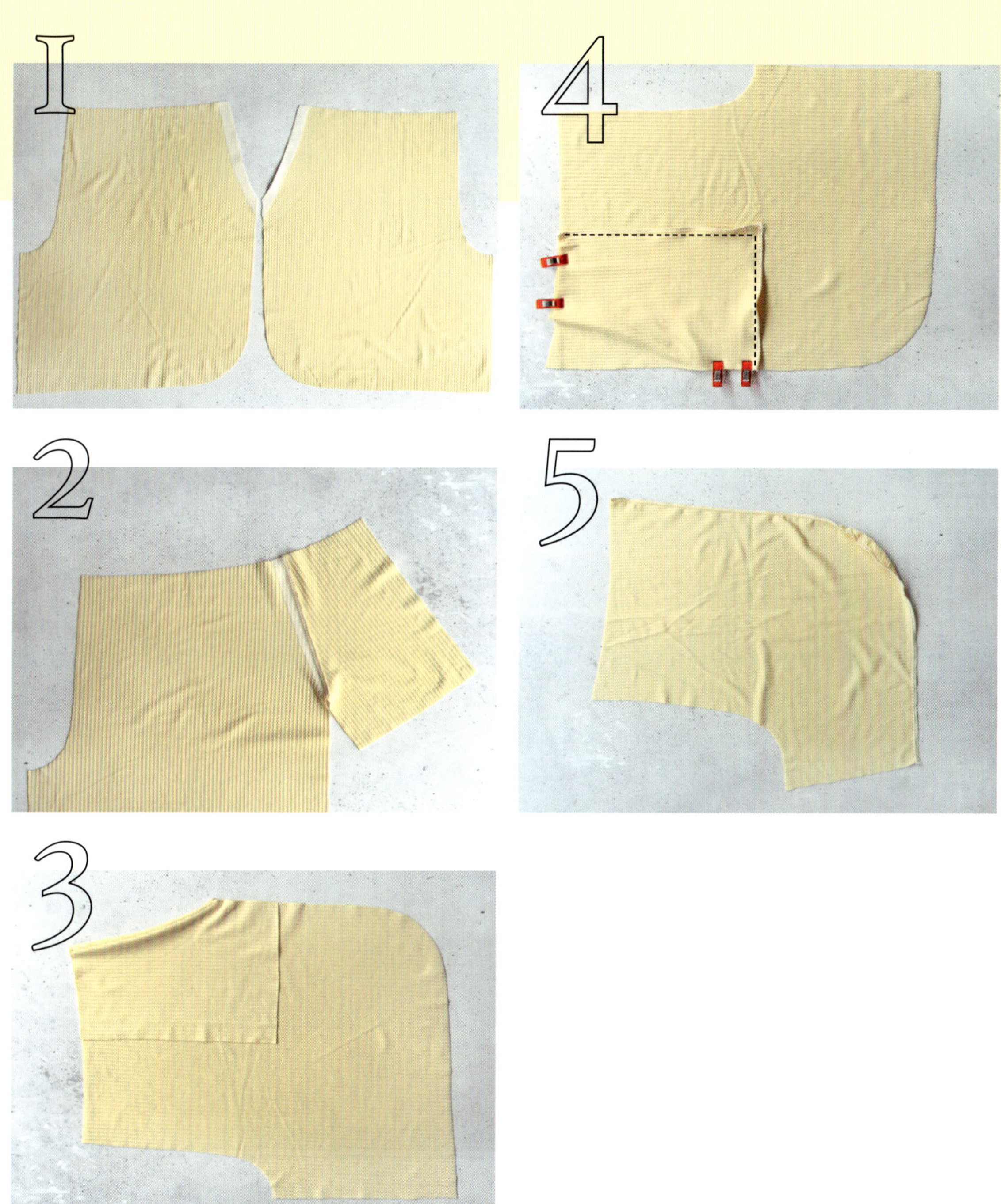
1
2
3
4
5

6 Lege nun jeweils die beiden Vorderhosen und die beiden Hinterhosen aufeinander und nähe sie im Schritt zusammen.

7 Hefte Vorder- und Hinterhose jetzt rechts auf rechts aneinander und markiere dir die Schlitzhöhe vom Schnittteil. Nähe jetzt die innere Beinnaht und die Seitennähte bis zur Markierung zusammen.

8 Klappe die Nahtzugabe auf die linke Seite um und nähe sie fest.

9 Lege vorderen und hinteren Bund rechts auf rechts aufeinander und nähe die kurzen Seiten zusammen.

10 Falte den Bund dann wieder mittig, sodass die rechte Seite außen ist, und nähe ihn an die Hose. Ziehe das Gummiband in den Bund ein – dafür kannst du es an einer Sicherheitsnadel befestigen, um es leichter durch den Stofftunnel schieben zu können. Nähe die Enden zusammen und schließe dann die Öffnung am Bund.

6

7

8

9

10

NOELLE
Basic-Top

STOFFEMPFEHLUNG
Jersey, Sommer-Sweatstoff (French Terry)

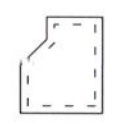

VERNÄHTER STOFF
Light Terry Sweat
(94 % Tencel™ Lycocell, 6 % Elastan)

STOFFVERBRAUCH
Bei einer Stoffbreite von 1,40 m für alle Größen 0,80 m.

DU BRAUCHST
- **Top** Vorderteil 1× im Bruch (SB 4)
- **Top** Rückenteil 1× im Bruch (SB 4)
- Bündchenstreifen, 4 cm breit

TIPP
Die Bündchenlänge wird immer von der Dehnbarkeit des Materials beeinflusst. Wenn du dir bei der Bündchenlänge unsicher bist, schneide es lieber etwas länger zu und verarbeite es wie in diesem Beispiel.

1. Lege Vorder- und Rückenteil rechts auf rechts und nähe beides an einer Schulter zusammen.

2. Schneide den Bündchenstreifen mindestens in der Länge des Ausschnitts zu (siehe Seite 27).

3. Falte den Bündchenstreifen mittig, so dass die rechte Seite außen ist. Nähe ihn gleichmäßig leicht gedehnt an den Halsausschnitt.

4. Nähe dann die zweite Schulternaht zusammen.

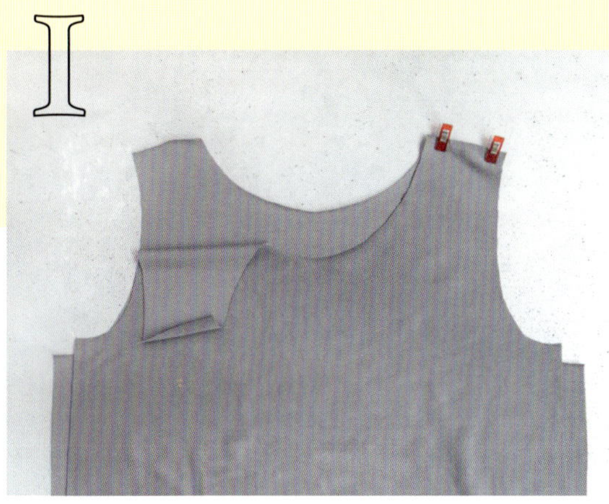
1

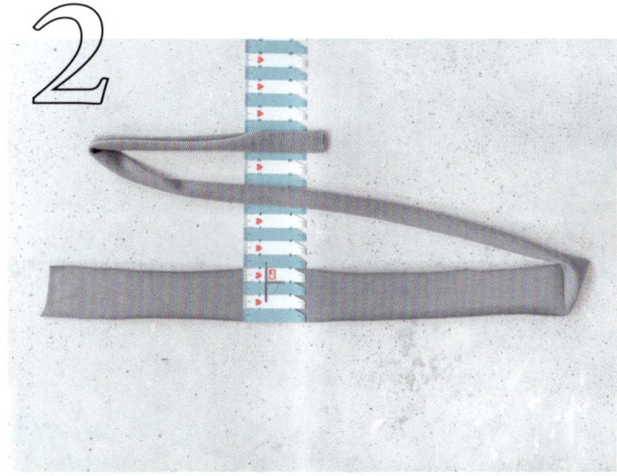
2

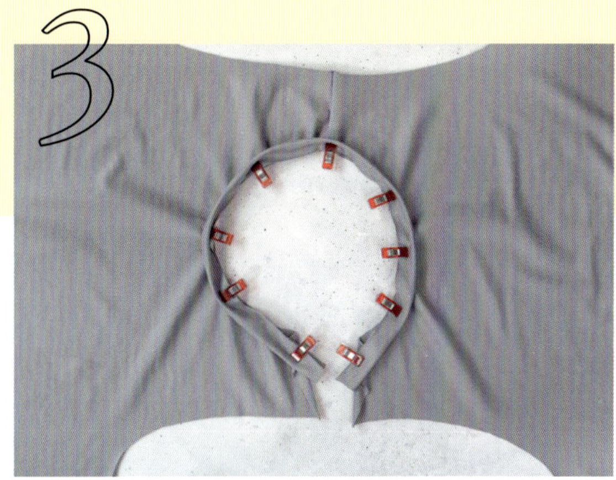
3

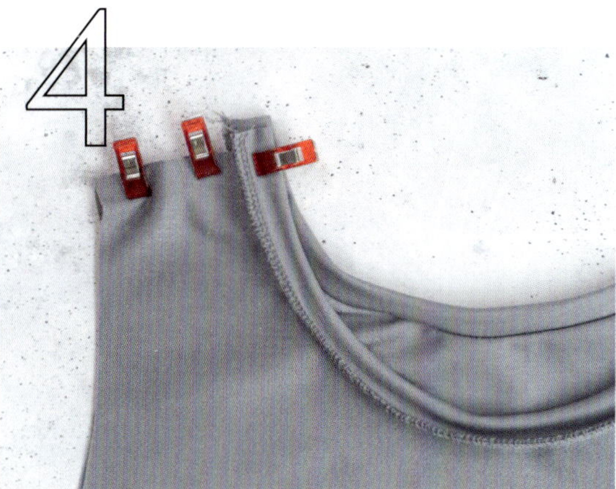
4

5 Optional kannst du die Nahtzugabe des Bündchens auch einmal knappkantig absteppen.

6 Versäubere beide Armausschnitte ebenfalls auf diese Art. Lege dann alles rechts auf rechts und schließe die Seitennähte.

7 Klapp die untere Saumzugabe nach innen um und nähe sie fest.

5

7

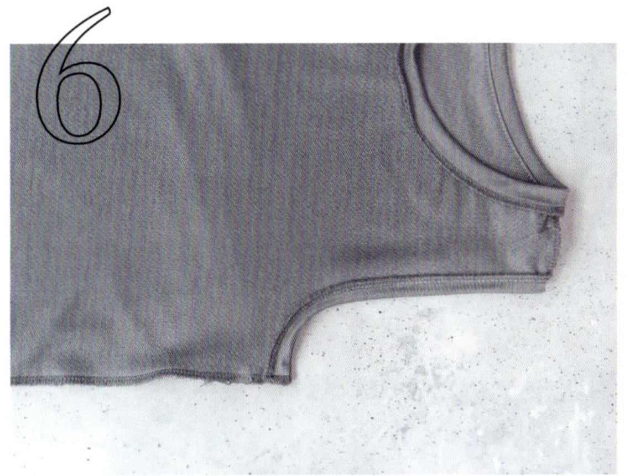
6

SCHNITT-MUSTER VARIATIONEN

- Kleid mit Taschen
- Sweater mit V-Ausschnitt
- Rock mit hinterem Schlitz
- Oversize-Shirt
- Hose mit gerafftem Bund
- Schlafkombi
- Sweater mit Bauchtasche
- Jumpsuit
- Rüschenkleid
- Strickjacke

Die Loungewear-Grundschnitte sind als Baukastenprinzip aufgebaut. Mit ihnen nähst du dir nicht nur schöne Einzeloutfits, sondern kannst sie auch super miteinander kombinieren.
Im Grundlagenteil auf Seite 33 findest du weitere Ideen und Anregungen dazu, wie du die Schnitte zu tollen neuen Kleidungsstücken kombinieren kannst.

OLIVIA
Kleid mit Taschen

STOFFEMPFEHLUNG

Baumwolljersey, dünner Sweat, leichter Strick

VERNÄHTER STOFF

Light Terry Sweat (94 % Tencel™ Lycocell, 6 % Elastan)

STOFFVERBRAUCH

Bei einer Stoffbreite von 1,40 m für alle Größen 1,30 m.

DU BRAUCHST

BASIC-SHIRT

- **Shirt | Kleid | Sweater** Vorderteil 1× im Bruch (SB 3)
- **Shirt | Kleid | Sweater** Rückenteil 2× gegengleich (SB 3)

Zuschnitt jeweils bis ca. 5 cm unter Taillenlinie

BASIC-ROCK

- Rock Vorderrock 1× im Bruch (SB 2)
- Rock Hinterrock 2× gegengleich (SB 2)
- Rock Taschenbeutel klein 2× gegengleich (SB 2)
- Rock Taschenbeutel groß 2× gegengleich (SB 2)

TIPP

Der schlichte Schnitt wird etwas aufgepeppt, wenn du die Nähte durch Absteppen nochmal betonst. Du kannst hierfür auch zusätzlich noch einen schönen Zierstich oder Kontrastgarn nutzen.

STEP BY STEP

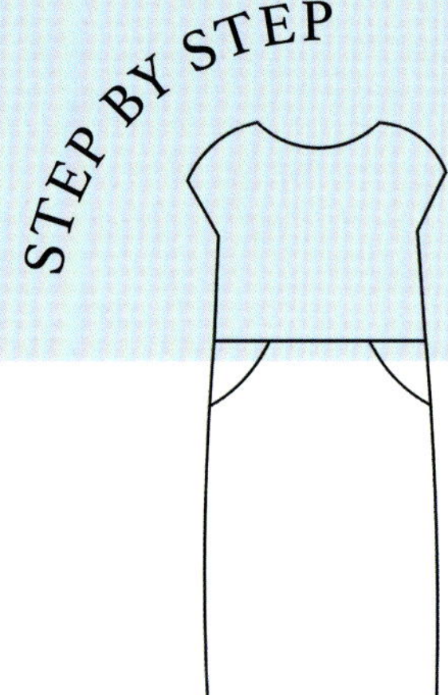

1 Lege die Shirt-Rückenteile rechts auf rechts und markiere dir an der Mittellinie die gewünschte Tiefe des V- Ausschnitts. Schneide ihn dann zu. Denke daran, dass der V-Ausschnitt wegen der Nahtzugabe noch 1cm tiefer wird.

2 Klappe die Nahtzugaben des Rückenausschnitts auf die linke Stoffseite und nähe sie fest.

3 Lege die beiden Rückenteile rechts auf rechts und nähe sie zusammen.

4 Klappe die Nahtzugabe des Halsausschnitts am Vorderteil auch auf die Innenseite und nähe sie fest.

5 Lege die Hinterröcke rechts auf rechts, markiere die auf dem Schnittmusterbogen angegebene Schlitzhöhe und nähe sie bis dorthin zusammen.

6 Klappe die Nahtzugaben auseinander und fixiere sie mindestens entlang des Schlitzes. Du kannst sie auch entlang der ganzen Naht knappkantig feststeppen.

TIPP

Da ich nicht wollte, dass sich die etwas dickeren Overlocknähte durch diesen wunderschönen Sweat durchdrücken, habe ich das Kleid komplett mit der Nähmaschine genäht. Da die Schnittkanten nicht ausfransen, habe ich auch auf das Versäubern verzichtet. Die Ziernähte habe ich zusätzlich zum Fixieren der Nahtzugaben genutzt.

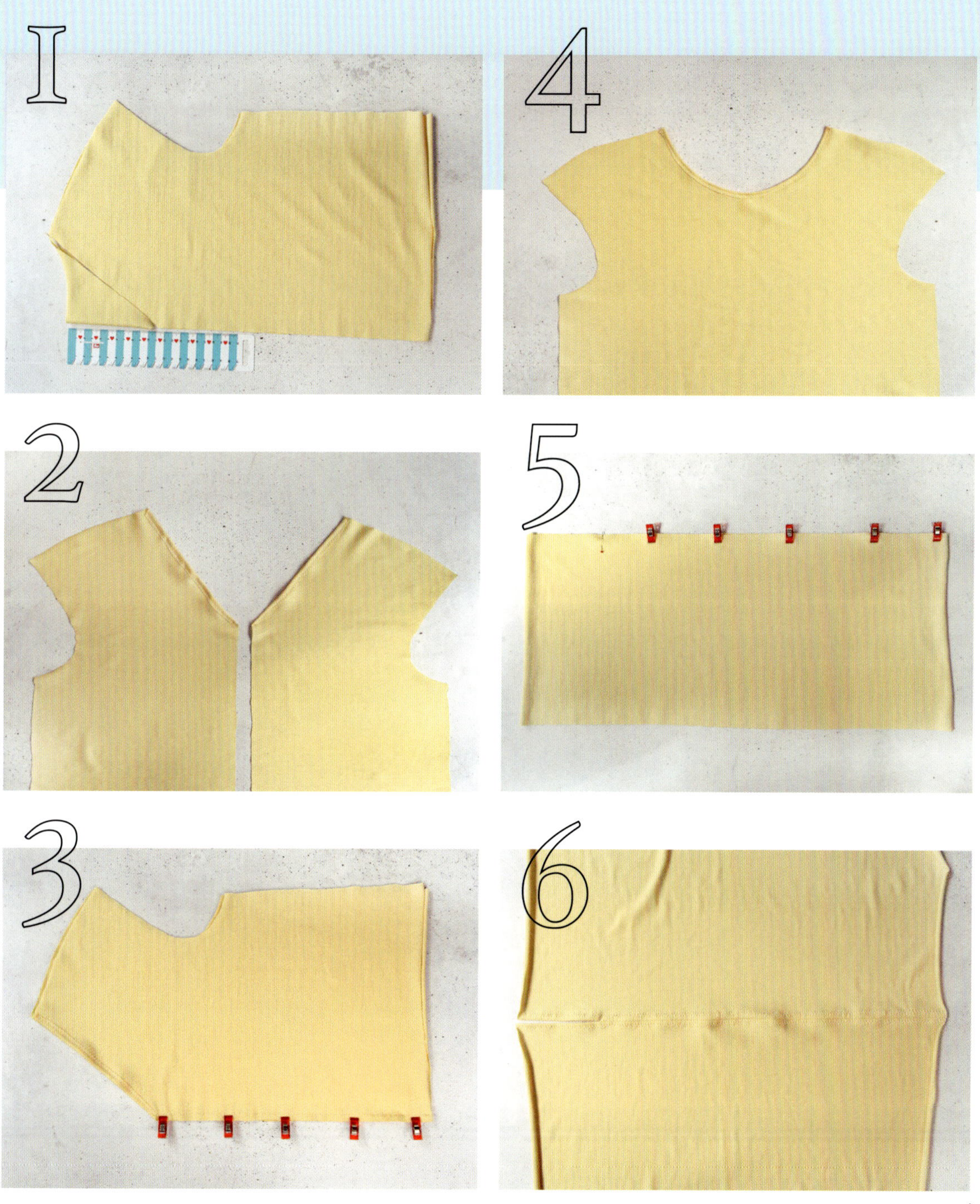
1
2
3
4
5
6

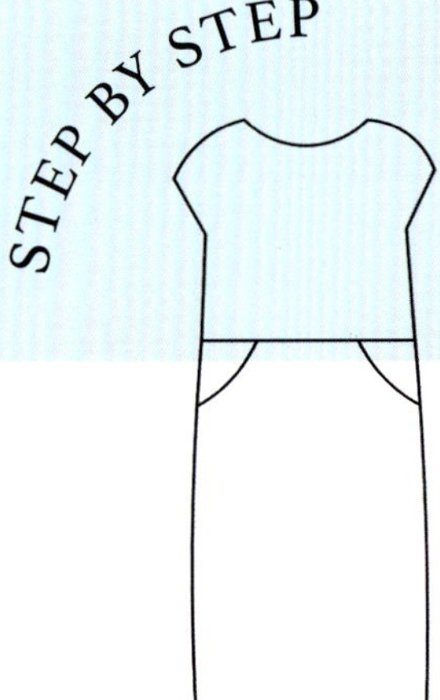

7 Nähe die kleinen Taschenbeutel rechts auf rechts an den Tascheneingriffen auf das Rockvorderteil (im Bild durch die Klammern markiert).

8 Klappe sie dann auf die linke Seite und nähe die großen Taschenbeutel rechts auf rechts an. Achte darauf, nur die Beutel entlang der mit Klammern markierten Kanten miteinander zu vernähen und den Vorderrock nicht mitzuverarbeiten. An den Seiten kannst du mit Stecknadeln oder Klammern die noch zu vernähenden Kanten des Taschenbeutels feststecken. Sie werden später mit der Seitennaht bzw. am Bund vernäht.

9 Nähe die Rückenteile von Shirt und Rock rechts auf rechts entlang der im Bild markierten Stoffkante zusammen. Klappe die Nahtzugaben auseinander und steppe sie fest.

10 Nähe danach die Vorderteile ebenfalls an der im Bild markierten Kante entlang zusammen. Fixiere auch hier die Nahtzugaben.

11 Durch die Taschenbeutel legt sich die Nahtzugabe in Richtung Shirt. Nähe sie daher am Shirt fest und setze die zweite Naht über den Taschenbeuteln als Ziernaht.

7

8

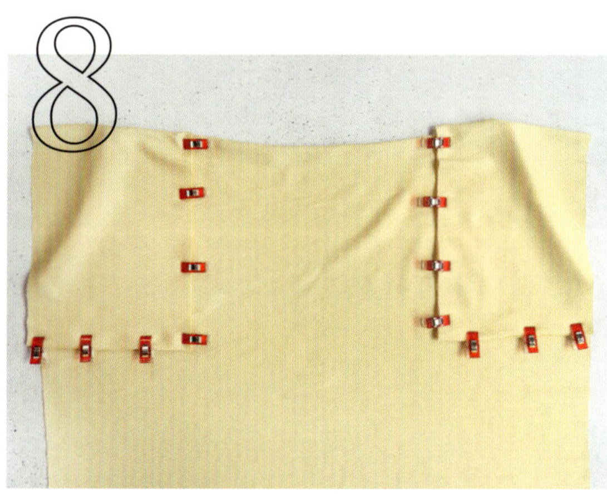

9

10

11

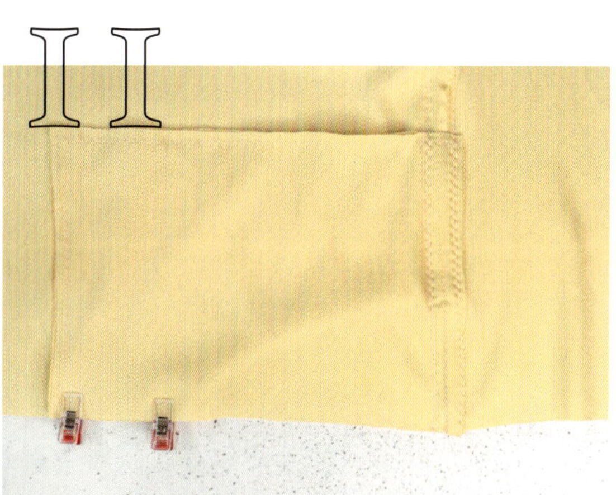

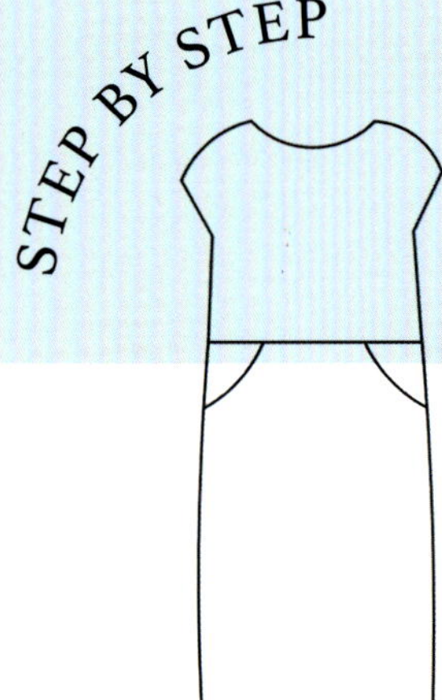

12 Nähe das kombinierte Vorder und Rückenteil rechts auf rechts an den Schultern zusammen. Klappe auch hier wieder die Nahtzugaben auseinander und nähe sie fest.

13 Klappe die Saumzugabe der Ärmelausschnitte auf die linke Seite und nähe sie fest.

14 Schließe dann die Seitennähte und fixiere auch hier die Nahtzugaben, indem du sie umklappst und knappkantig absteppst.

15 Versäubere als Letztes den Abschluss des Kleids, indem du auch hier die Saumzugabe nach innen umschlägst und festnähst.

12

15

13

14

VIVIANE
Sweater mit V-Ausschnitt

STOFFEMPFEHLUNG
Sweat, leichter Strick

VERNÄHTER STOFF
Ottoman Knit
(84 % LENZING™ ECOVERO™ Viskose, 14 % Nylon, 2 % Elastan)

STOFFVERBRAUCH
Bei einer Stoffbreite von 1,40 m für alle Größen 1,40 m.

DU BRAUCHST
- **Shirt | Kleid | Sweater** Vorderteil 2 × gegengleich mit Nahtzugabe an der Bruchlinie (SB 3)
- **Shirt | Kleid | Sweater** Rückenteil 1 × im Bruch (SB 3) in Shirtlänge + Saumzugabe zugeschnitten
- **Shirt | Sweater** Ärmel 2 × gegengleich (SB 3)
- Nahtband

TIPP
Wenn du das Verhalten eines Stoffs nicht kennst, bringe das Nahtband am besten schrittweise auf. Wenn du den Sweater zusammennähst, kannst du besser einschätzen, welche Nähte Verstärkung benötigen. Entscheide dann, ob du nur eine Lage der Naht (z. B. Ärmel) oder beide (also Ärmel und Ärmelausschnitt) verstärkst.

1 Miss die Tiefe deines V-Ausschnitts ab. Ich habe mich für 10 cm entschieden. Markiere dir die Stelle an den Vorderteilen. Wenn du dich für eine andere Tiefe entscheidest, denk daran, dass du noch 1 cm Nahtzugabe abnähst und der Ausschnitt dementsprechend noch etwas tiefer wird.

2 Schneide die Vorderteile mit der von dir gewählten Tiefe des Ausschnitts übereinander liegend zu.

3 Verstärke den Ausschnitt und die Schulternaht mit Nahtband.

4 **Optional:** Versäubere die Schnittkanten der vorderen Mitte. Ob du diesen Schritt durchführen solltest, hängt davon ab, mit welchem Stoff du dieses Projekt umsetzen möchtest.

5 Klappe die Nahtzugabe entlang des Ausschnitts auf die linke Seite um und nähe sie fest.

6 Lege die Vorderteile rechts auf rechts und nähe sie entlang der Mitte zusammen.

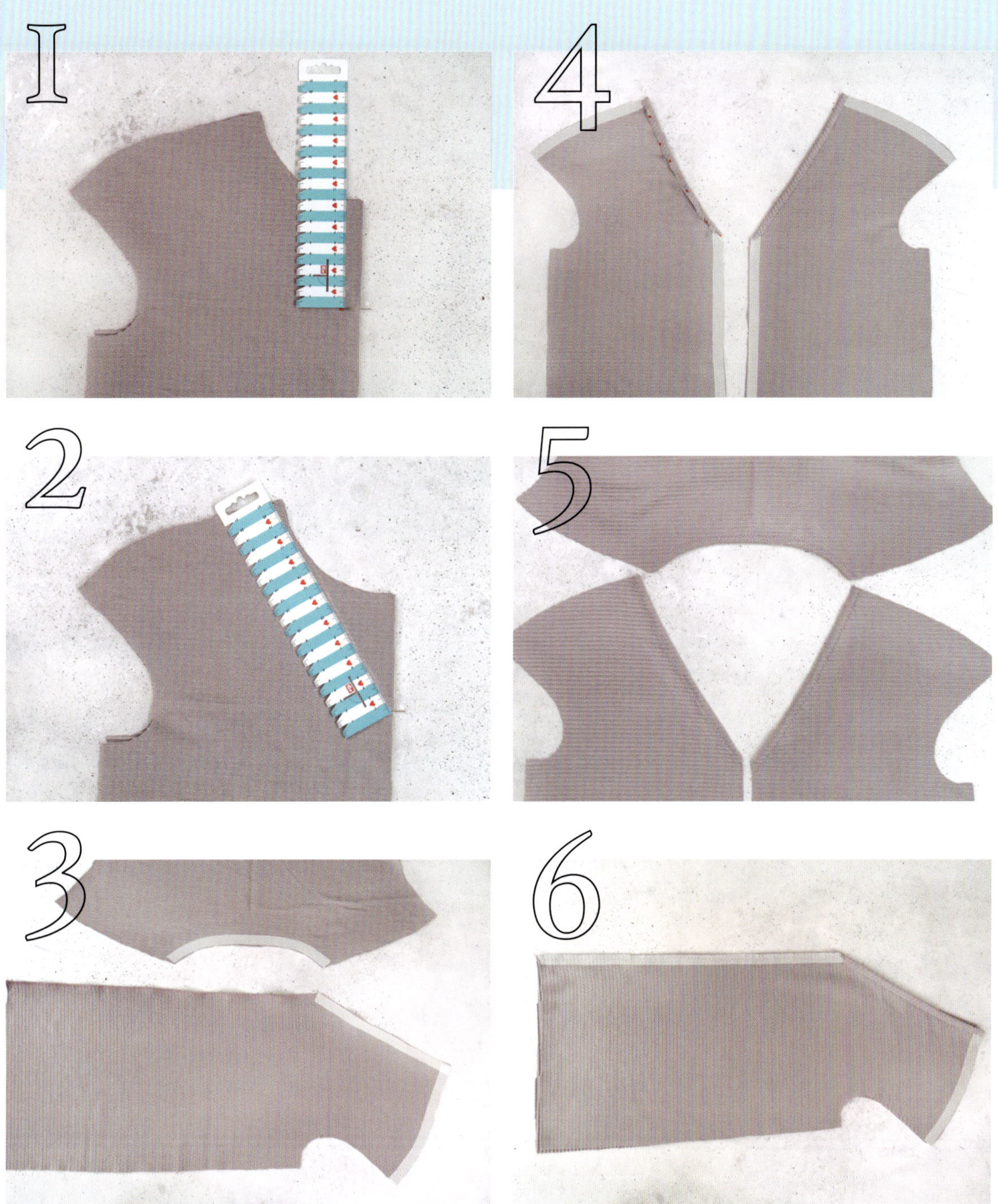
1
2
3
4
5
6

7 Lege Vorderteil und Rückenteil rechts auf rechts und nähe beides an den Schultern zusammen.

8 Verstärke die Ärmel entlang der Schulternaht mit Nahtband und nähe sie rundherum am Ärmelausschnitt an. Die Unterkante der Ärmel wird erst im nächsten Schritt zusammengenäht.

9 Lege den Sweater rechts auf rechts und nähe die Seiten vom Ärmel ausgehend mit einer durchgehenden Naht zusammen.

10 Klappe die Saumzugabe der Ärmel auf die linke Seite und nähe sie fest. Wiederhole diesen Vorgang auch mit dem unteren Saum.

7

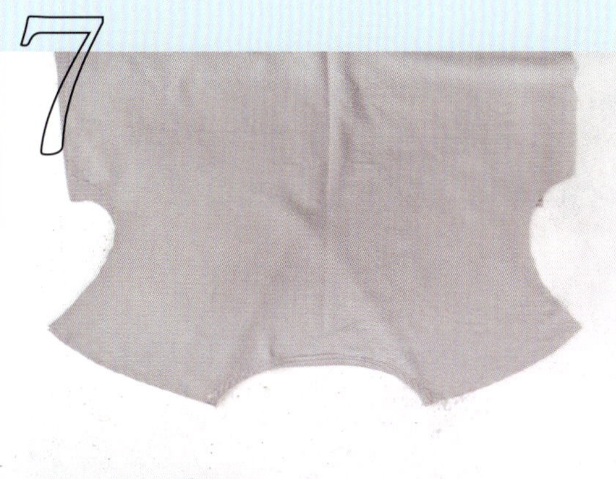

10

8

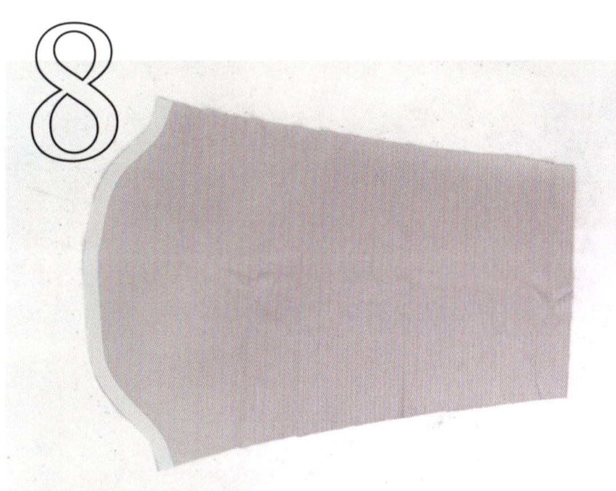

9

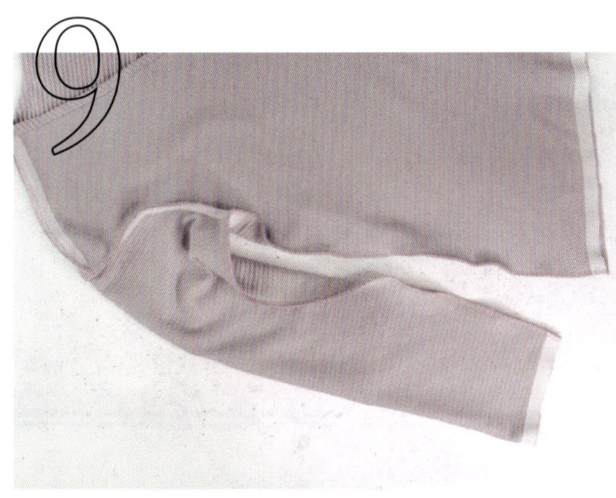

DONNA – Rock mit Schlitz

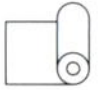

STOFFEMPFEHLUNG

Sommer-Sweatstoff (French Terry), Strick

VERNÄHTER STOFF

Ottoman Knit
84 % LENZING™ ECOVERO™ Viskose, 14 % Nylon, 2 % Elastan

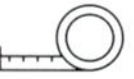

STOFFVERBRAUCH

Bei einer Stoffbreite von 1,40 m für alle Größen 1 m.

DU BRAUCHST

- **Rock** Vorderrock 1× im Bruch (SB 2)
- **Rock** Hinterrock 2× gegengleich (SB 2)
- **Hose | Shorts | Rock** Bund vorne 1× im Bruch (SB 4)
- **Hose | Shorts | Rock** Bund hinten 1× im Bruch (SB 4)
- Gummiband, 3 cm breit und ca. 1,10 m lang

TIPP

Bei dickem oder etwas festerem Stoff kannst du den Bund auch etwas kleiner zuschneiden, damit sich der Stoff beim Raffen später gut legt. Achte aber drauf, dass du ihn nur so viel verkleinerst, dass er sich auf Rockbreite dehnen kann.

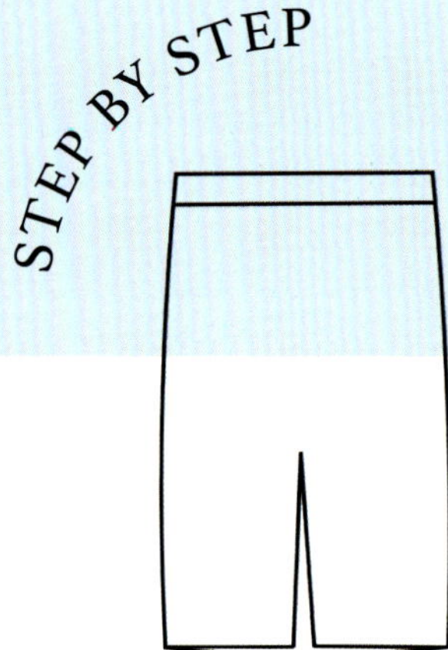

1 Verstärke die Rockteile an den Seiten und am Saum.

2 Lege die Rockrückenteile rechts auf rechts aufeinander und nähe sie mit der normalen Nähmaschine bis zur Markierung des Schlitzes im Schnittmuster zusammen.

3 Klappe die Nahtzugabe des Schlitzes auseinander, fixiere sie mit Stecknadeln und nähe sie fest. Nähe dazu an einer Seite des Schlitzes hoch, dann über das Ende des Schlitzes und auf der anderen Seite herunter wie auf dem Bild markiert.

4 Lege die Bundteile rechts auf rechts aufeinander und nähe sie an den kurzen Seiten zusammen.

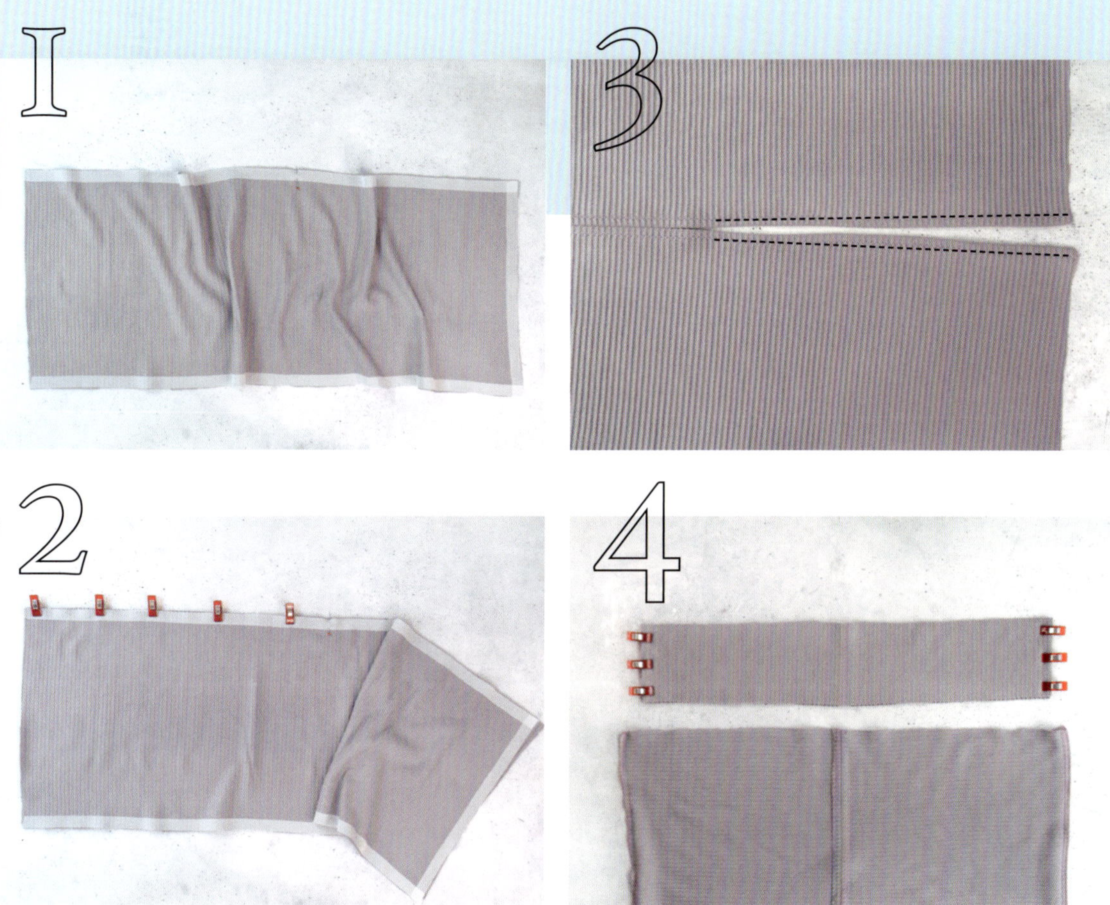

1
3
2
4

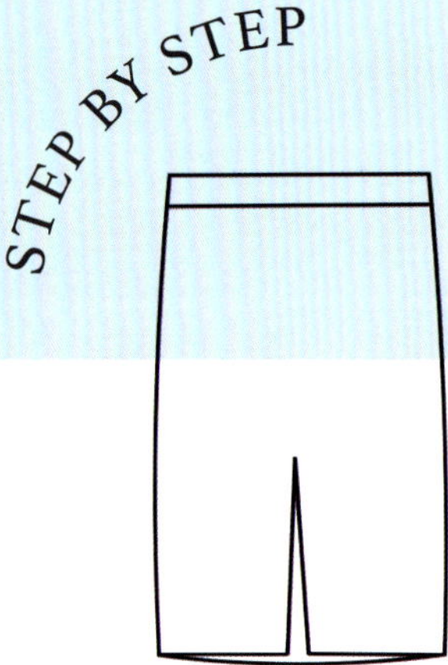

5 Falte den Bund längs in der Mitte, stecke ihn an den Rock und nähe ihn fest. Lass eine Öffnung, durch die das Gummiband eingezogen wird.

6 Ziehe das Gummiband ein. Wenn du dabei Schwierigkeiten hast, kannst du eine große Sicherheitsnadel zu Hilfe nehmen, mit der du das Band durch den Tunnel ziehen kannst. Nähe das Gummiband zusammen und schließe die offene Tunnelnaht.

7 Klappe den unteren Saum nach innen um und nähe ihn fest.

5

7

6

ALEX Oversize-Shirt

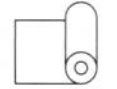

STOFFEMPFEHLUNG

Jersey, Sweat, Strick

VERNÄHTER STOFF

Bio-Single-Stretch-Jersey
94 % Bio-Baumwolle, 6 % Elastan

STOFFVERBRAUCH

Bei einer Stoffbreite von 1,40 m für alle Größen 1,20 m.

DU BRAUCHST

- **Shirt | Kleid | Sweater** Vorderteil 1× im Bruch (SB 3)
- **Shirt | Kleid | Sweater** Rückenteil 1× im Bruch (SB 3) im Zuschnitt in Shirtlänge, 2–3 Kleidergrößen größer
- **Shirt | Sweater** Ärmel 2× gegengleich, bis zum Ellenbogen gekürzt (SB 3)
- Bündchenstreifen, 5 cm breit in benötigter Länge

TIPP

Um ein Oversize-Shirt zu nähen, benötigst du kein neues Schnittmuster. Durch die überschnittenen Schultern sitzt der Basic-Sweater auch in einer größeren Größe richtig schön lässig. Schau in die Fertigmaßtabelle, um deine Lieblings-Oversize-Größe zu finden.

1 Lege Vorder-und Rückteil rechts auf rechts und nähe die Schultern zusammen.

2 Nähe beide Ärmel rechts auf rechts an die Ärmelausschnitte.

3 Platziere Vorderteil und Rückenteil rechts auf rechts und nähe beide Seiten vom Ärmel ausgehend zusammen.

4 Bereite dir dein Bündchen vor (siehe Seite 24). Lege es rechts auf rechts und nähe es an der kurzen Seite zusammen.

5 Falte das Bündchen mittig, hefte es an den Halsausschnitt und nähe es leicht gedehnt an.

6 Versäubere die Ärmel und den Shirtabschluss, indem du die Saumzugabe nach innen umschlägst und festnähst.

1

4

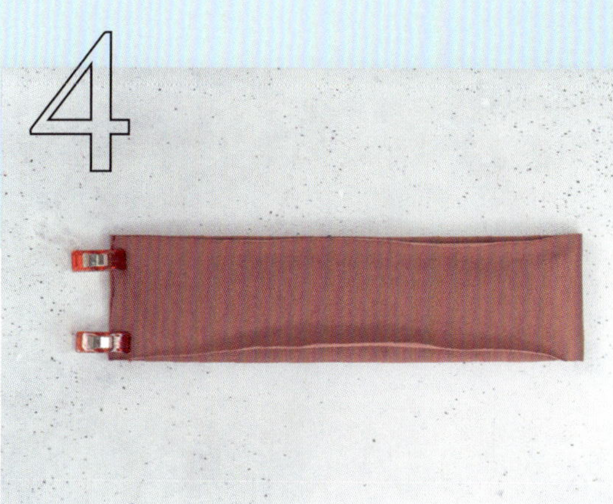

2

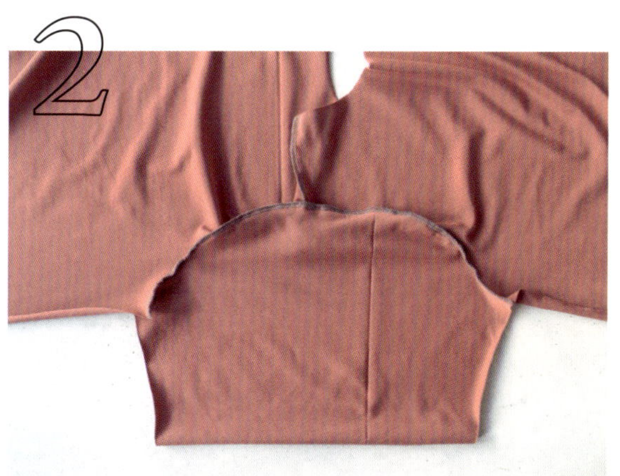

5

3

6

PIA – Hose mit gerafftem Bund

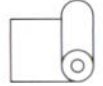

STOFFEMPFEHLUNG

Viskosejersey, Baumwolljersey

VERNÄHTER STOFF

Derby Ribbed Jersey
(95 % TENCEL™ Modal, 5 % Elastan)

STOFFVERBRAUCH

Bei einer Stoffbreite von 1,40 m für alle Größen 1,70 m.

DU BRAUCHST

- **Hose** Vorderhose 2× gegengleich (SB 1)
- **Hose** Hinterhose 2× gegengleich (SB 1)
- Bund, 12 cm hoch
  Klebe die Schnittmusterteile von vorderem und hinterem Bund (SB 4) aneinander und schneide diese Länge 1× im Bruch entlang der langen Seite zu.
- Gummiband 1 cm breit, 3× in Wohlfühllänge (insgesamt 2–3 m)

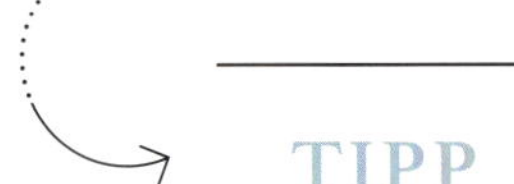

TIPP

Ein gerafter Bund mit mehreren Gummis ist ein schönes Detail und eignet sich besonders bei leichten fließenden Stoffen. Ist der Stoff zu dick oder zu steif, kann diese Art Bund schnell auftragen.

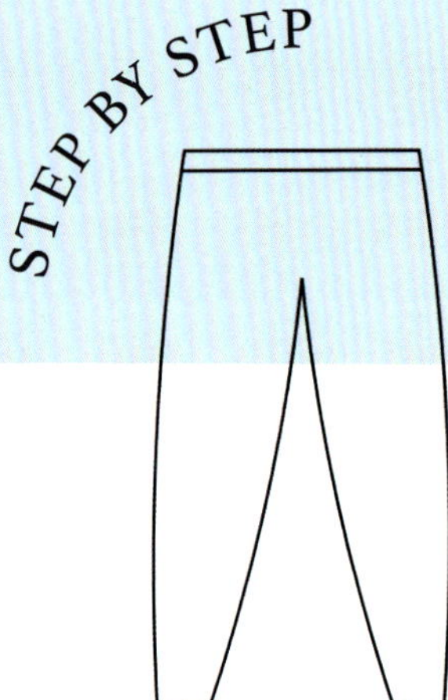

1 Lege die Schnittteile von Vorderhose und Hinterhose jeweils rechts auf rechts und nähe sie im Schritt zusammen.

2 Nähe dann eine der Seitennähte zusammen. Lege dazu Vorder- und Hinterhose rechts auf rechts.

3 Schneide den Bund in einer Höhe von 12 cm zu.

4 Falte den Bund mittig, sodass die rechte Seite außen ist, und nähe 2 Nähte. Die erste im Abstand von 1,5 cm zum Bruch, die zweite in 3 cm Abstand.

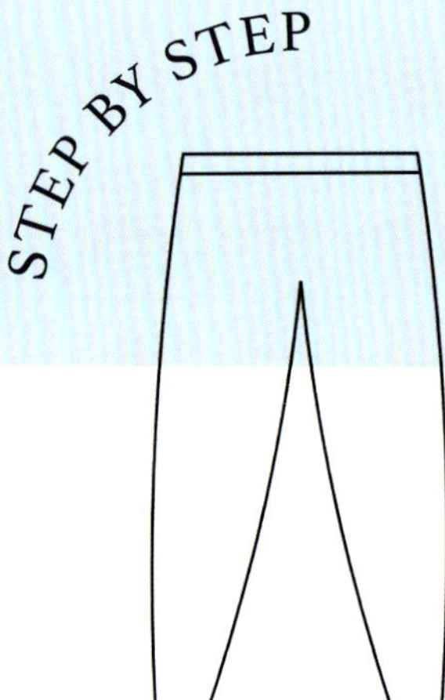

5 Hefte den Bund an die Hose und nähe ihn an.

6 Ziehe die Gummibänder in die Tunnel ein – dafür kannst du sie an einer Sicherheitsnadel befestigen, um sie leichter durch den Stofftunnel schieben zu können.

7 Lege die Hosenbeine wieder rechts auf rechts und nähe die zweite Seitennaht zusammen. Nähe diese Naht durchgängig entlang des Hosenbeins, sodass du oben am Bund mit der Naht direkt die eingezogenen Gummibänder fixierst. Wenn die Bänder zu sehr überstehen, schneide sie etwas zurück.

8 Klappe die Saumzugabe der Hosenbeine nach innen um und nähe sie fest.

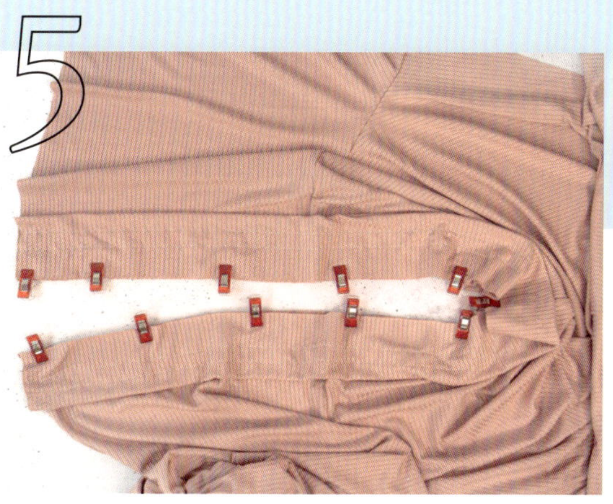
5

8

6

7

JOSY Schlafkombi

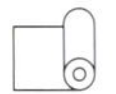

STOFFEMPFEHLUNG

Jersey, dünner Sweat

VERNÄHTER STOFF

Bio-Single-Stretch-Jersey (94 % Bio-Baumwolle, 6 % Elastan)

STOFFVERBRAUCH

Bei einer Stoffbreite von 1,40 m für alle Größen 1,90 m.

DU BRAUCHST

BASIC-TOP

- **Top** Vorderteil 1× im Bruch (SB 4)
- **Top** Rückenteil 1× im Bruch (SB 4)
- **Top** Vorderteil in Bustierlänge 1× im Bruch (SB 4)
- **Top** Rückenteil in Bustierlänge 1× im Bruch (SB 4)

BASIC-SHORTS

- **Hose** Vorderhose 2× gegengleich (SB 1)
- **Hose** Hinterhose 2× gegengleich (SB 1)
- **Hose | Shorts | Rock** Bund vorne 1× im Bruch (SB 4)
- **Hose | Shorts | Rock** Bund hinten 1× im Bruch (SB 4)
- ggf. Nahtband
- Gummiband, 3 cm breit und ca. 1,10 m lang

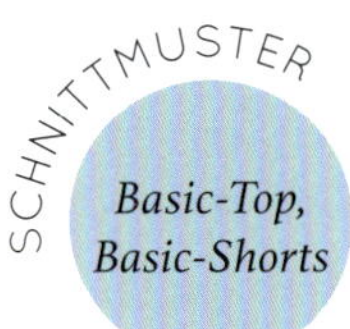

TIPP

Ein Bustier ist perfekt, wenn du gern etwas mehr Halt in deinem Top haben magst. Du kannst einen Tunnel nähen und einen schmalen Gummi einziehen oder einen breiteren Wäschegummi nutzen, wie du ihn z. B. von Boxershorts kennst. Diese Gummis tragen sich toll und haben auf der Innenseite eine weiche Seite.

SCHLAFTOP

1 Lege Vorder- und Rückenteil rechts auf rechts und nähe die Schultern zusammen.

2 Wiederhole diesen Vorgang mit dem Bustierteil.

3 Lege Top und Bustier rechts auf rechts und nähe beides am Halsausschnitt zusammen. Ich habe die linke Seite des Bustiers zusätzlich mit Nahtband verstärkt, damit der Ausschnitt und die Armausschnitte nicht so schnell ausleiern. Es geht aber auch ohne Nahtband.

4 Wende alles, sodass die rechte Seite außen ist, und lege das Top so auf den Tisch, dass das Bustier zu dir zeigt.

5 Rolle jetzt eine Seite (im Bild die rechte Seite des Tops, die oben im Bild zu sehen ist) zur anderen Seite.

6 Nimm dann die linke Seite des Tops (sie liegt jetzt auf dem Tisch unter der Rolle), schlage sie um die Rolle herum und hefte sie rechts auf rechts an das Bustierteil. Jetzt kannst du beides zusammennähen.

1

2

3

4

5

6

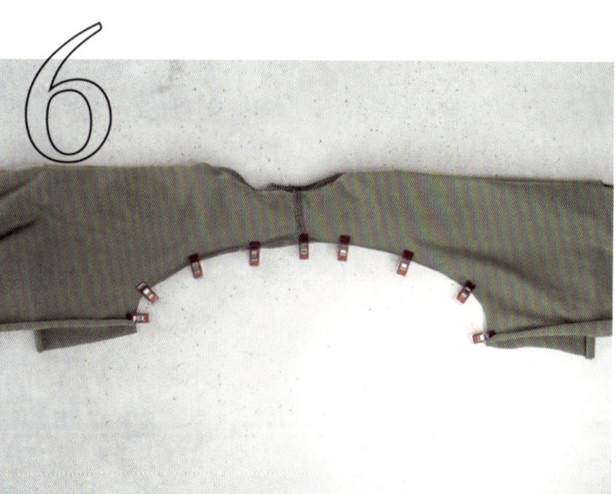

7 Ziehe das Top dann durch den Armausschnitt und lege es wieder auf den Tisch. Die Öffnung für den Arm ist jetzt von außen unsichtbar vernäht und du hast keine Extranähte, die das Schlafshirt ungemütlich machen.

8 Wiederhole den Schritt 6 nun mit der anderen Seite und lege das Top wieder vor dir auf den Tisch.

9 Lege das Top rechts auf rechts und nähe die Seiten zusammen. Klappe das Bustier dafür nach oben, sodass du die ganze Seite entlangnähen kannst.

10 Nimm dir den Wäschegummi, miss ihn in deiner Wohlfühllänge im Unterbrustbereich ab und nähe ihn zu einem Kreis zusammen. Teile Bustier und Gummi in 4 gleich große Abschnitte.

11 Hefte den Gummi rechts auf rechts an das Bustier. Lege dafür die Markierungen aufeinander, damit der Gummi beim Annähen gleichmäßig gedehnt wird.

12 Nähe den Gummi an das Bustier. Ziehe dazu immer wieder leicht an Bustier und Gummi, sodass die Naht sich später gleichmäßig kräuselt. Die Markierungen aus Schritt 11 helfen dir dabei.

7

10

8

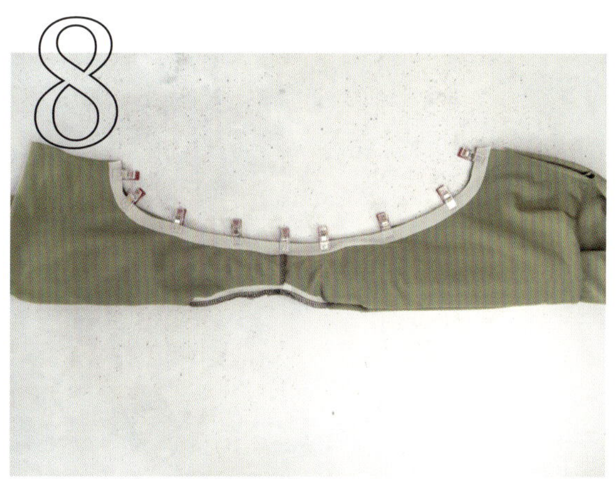

11

9

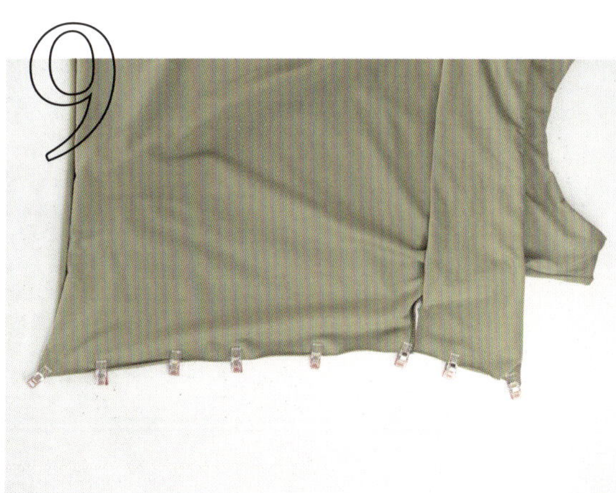

12

13 Versäubere den Abschluss des Tops. Klappe dazu die Nahtzugabe auf die Innenseite und nähe sie fest. Du kannst sie einmal oder doppelt einschlagen.

SCHLAFSHORTS

14 Versäubere an allen Hosenschnittteilen die Seitennaht. Lege dann beide Vorderhosen und beide Hinterhosen rechts auf rechts und nähe sie jeweils im Schritt zusammen.

15 Lege Vorderhose und Hinterhose rechts auf rechts und nähe die Seiten bis zur Schlitzmarkierung, die auf dem Schnittmusterbogen markiert ist, zusammen.

16 Nähe danach die Innenbeinnaht in einem Stück zusammen.

17 Klappe die Nahtzugabe am Saum der Hose nach innen um und nähe sie fest.

18 Nähe den Bund an die Hose. Dazu legst du vorderen und hinteren Bund aufeinander und nähst die kurzen Seiten zusammen. Danach faltest du den Bund wieder mittig, sodass die rechte Seite außen ist, und nähst ihn an die Hose. Ziehe zum Schluss, ggf. mithilfe einer Sicherheitsnadel, das Gummiband ein.

13

14

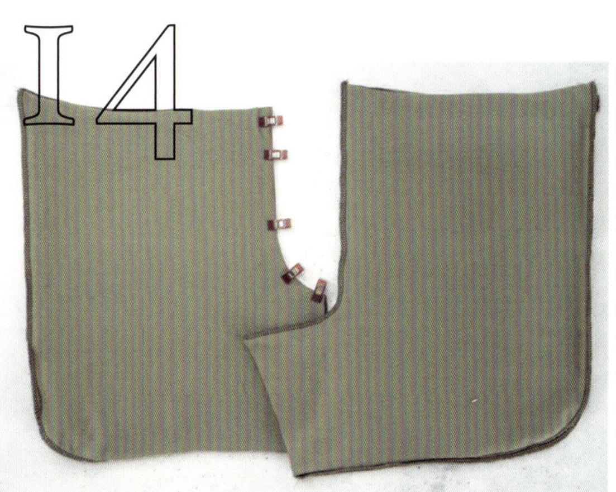

15

16

17

18

STOFFEMPFEHLUNG

dünner Sweat, leichter Strick

VERNÄHTER STOFF

Light Terry Sweat
(94 % Tencel™ Lycocell, 6 % Elastan)

STOFFVERBRAUCH

Bei einer Stoffbreite von 1,40 m für alle Größen 1,40 m.

DU BRAUCHST

- **Shirt | Kleid | Sweater** Vorderteil 1× im Bruch (SB 3)
- **Shirt | Kleid | Sweater** Rückenteil 1× im Bruch (SB 3)
- **Sweater mit Bauchtasche** Kängurutasche 1× im Bruch (SB 3)
- **Shirt | Sweater** Ärmel 2× gegengleich (SB 3)
- ggf. Nahtband

TIPP

Verstärke die Tascheneingriffe mit Nahtband. Da der Stoff dort im schrägen Fadenlauf liegt, dehnt er sich beim Nähen gern und wirft dann Falten.

1 Lege Vorderteil und Rückenteil rechts auf rechts und nähe die Schulternähte zusammen.

2 Verstärke ggf. die Tascheneingriffe mit Nahtband (siehe Tipp auf Seite 118).

3 Bügle dann alle Nahtzugaben auf die linke Seite um. Du kannst alternativ die Bauchtasche auch ringsum versäubern. Nähe die Nahtzugabe zunächst nur an den Tascheneingriffen fest.

4 Schlüpfe nun kurz in das zusammengenähte Vorder- und Rückenteil und schau, wo dir die Position der Bauchtasche am liebsten ist, damit du bequem deine Hände hineinstecken kannst. Markiere dir diese Position. Fixiere die Bauchtasche dann auf dem Vorderteil und nähe sie fest.

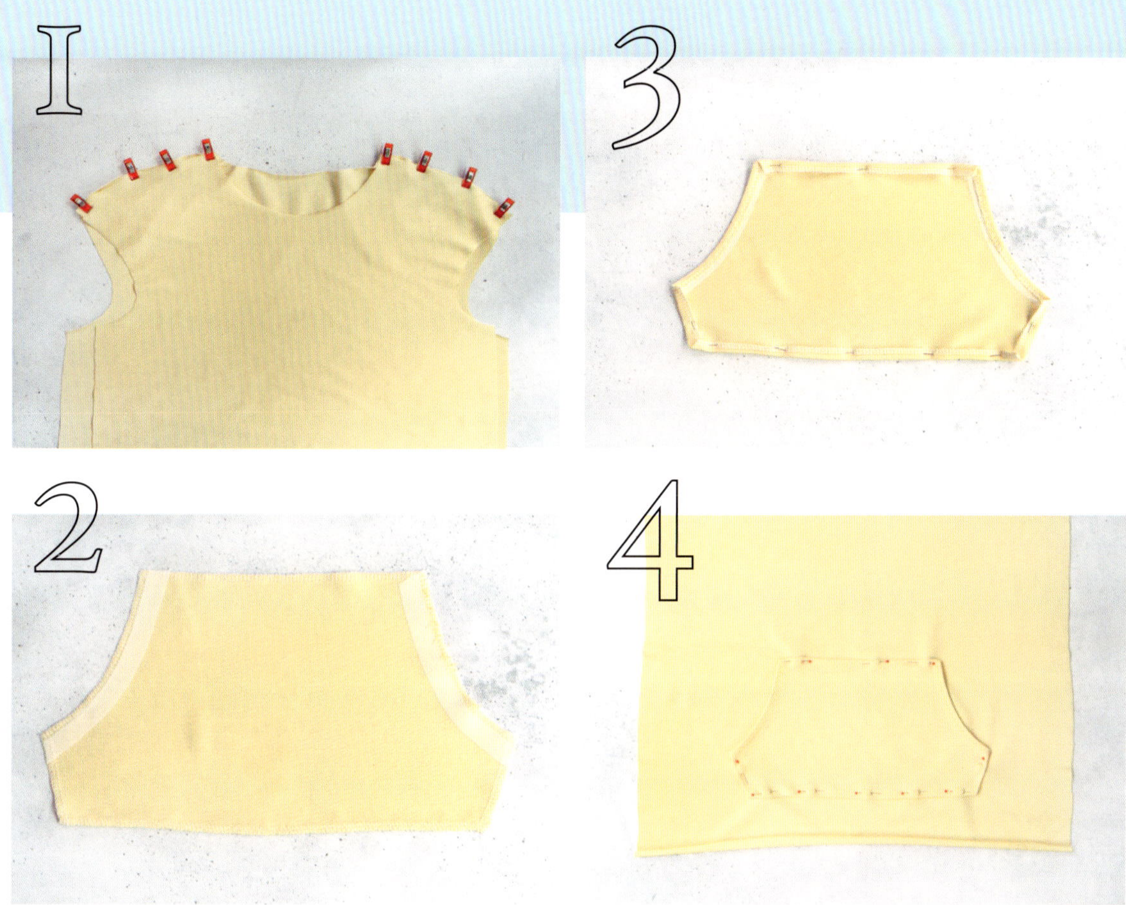

1
3
2
4

5 Stecke die Ärmel an die Ärmelausschnitte und nähe sie fest.

6 Lege Vorderteil und Rückenteil rechts auf rechts und nähe die Seiten vom Ärmelende ausgehend in einem Stück zusammen.

7 Versäubere den Halsausschnitt. Klappe dazu die Nahtzugabe auf die linke Seite um und nähe sie fest.

8 Da Sweatstoff nicht ausfranst, kannst du für einen lässigen Look die Säume auch unversäubert lassen. Sie rollen sich dann vielleicht nach dem ersten Waschen etwas nach außen. Wenn du dich für diese Variante entscheidest, muss die Seitennaht natürlich gut verriegelt und gesichert werden. Ich habe zusätzlich noch eine Naht in der Nahtzugabe genäht.

5
8
6
7

DANIA Jumpsuit

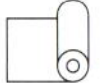

STOFFEMPFEHLUNG

Jersey, leichter Sweat

VERNÄHTER STOFF

Light Terry Sweat
(94 % Tencel™ Lycocell, 6 % Elastan)

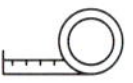

STOFFVERBRAUCH

Bei einer Stoffbreite von 1,40 m
für alle Größen 3,20 m.

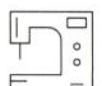

DU BRAUCHST

KNOTENTOP

- **Top** Vorderteil 1× im Bruch (SB 4)
- **Top** Rückenteil 1× im Bruch (SB 4)
- **Belegvorderteil: Top** Vorderteil in Bustierlänge 1× im Bruch (SB 4)
- **Belegrückenteil: Top** Rückenteil in Bustierlänge 1× im Bruch (SB 4)

BASIC-HOSE

- **Hose** Vorderhose 2× gegengleich (SB 1)
- **Hose** Hinterhose 2× gegengleich (SB 1)
- Bündchen, 10 cm hoch, 28 cm lang (die Länge kann nach Stoffwahl variieren)

TUNNEL

alle Schnittteile in 5,5 cm Höhe (inkl. Nahtzugabe von 1cm) Klebe vorderen und hinteren Bund aneinander und schneide diese Länge 2× im Bruch zu.

TIPP

Wenn der Tunnel innen offen ist, kann die Länge des Gummibands jederzeit ganz einfach angepasst werden.

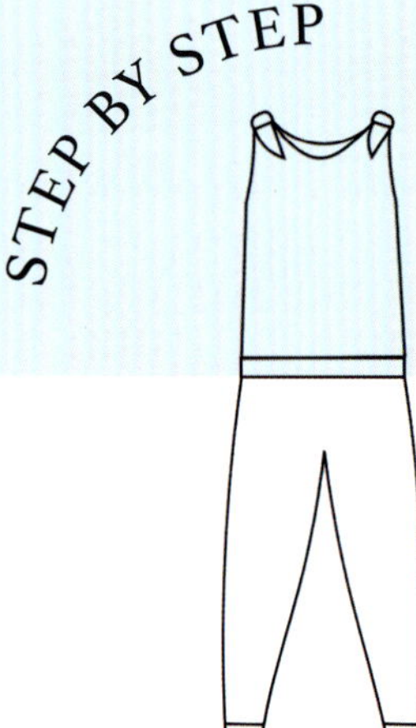

KNOTENTOP

1 Lege das Belegvorderteil rechts auf rechts auf das Vorderteil und nähe beides an den Armausschnitten und am Halsausschnitt zusammen. Wiederhole diesen Vorgang mit dem Rückenteil.

2 Wende beide Teile auf rechts. Du kannst die Nahtzugabe leicht zurückschneiden, falls sie an den Enden beim Wenden stört. Lege Vorderteil und Rückenteil rechts auf rechts aufeinander und nähe die Seiten zusammen. Klappe das Belegteil dafür nach oben, sodass du die ganze Seite in einem Stück entlangnähen kannst.

3 Fixiere jetzt den Beleg am Top. Du kannst entweder beides mit ein paar Handstichen in der Seitennaht fixieren oder du legst die Nahtzugaben aufeinander und nähst sie zusammen.

HOSE

4 Lege beide Vorderhosen und beide Hinterhosen rechts auf rechts aufeinander und nähe sie im Schritt zusammen.

5 Lege Vorderhose und Hinterhose rechts auf rechts und nähe beides an den Seiten und der Beininnennaht zusammen.

6 Lege das Hosenbündchen rechts auf rechts und nähe es an der kurzen Seite zusammen. Falte es mittig, sodass die rechte Seite außen ist.

1
2
3
4
5
6

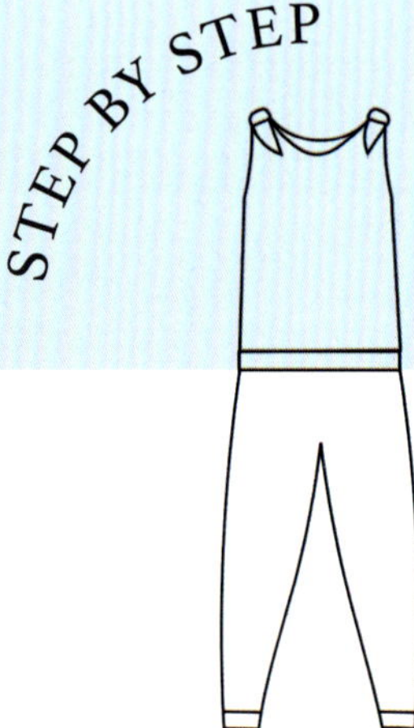

7 Teile das Bündchen und den Saum der Hose in 4 gleiche Teile und markiere sie dir jeweils. Hefte dann das Bündchen an diesen Markierungen rechts auf rechts an das Hosenbein. Achte darauf, dass die Markierungen übereinander liegen. Nähe das Bündchen leicht gedehnt an. Wenn du magst, kannst du zusätzlich auch ein breites Gummiband einnähen.

TUNNEL

8 Nimm einen Tunnel und nähe ihn an der kurzen Seite rechts auf rechts zusammen. Am zweiten Tunnelteil werden nur die Enden versäubert. Klappe die Nahtzugabe auf die linke Seite und nähe sie fest.

9 Hefte dann beide Tunnelteile rechts auf rechts zusammen. Die Öffnung kannst du am besten an der Seitennaht platzieren.

ZUSAMMENSETZEN

10 Nähe den Tunnel dann rechts auf rechts an die Hose. Stecke vorher alles gut ab.

11 Wende das Top so, dass die linke Seite außen ist. Nimm nun die Hose (rechte Seite außen) mit angenähtem Tunnel und stecke sie in das Top. Hefte den Tunnel an das Top und nähe Top und Hose zusammen.

12 Schneide das Gummiband in deiner Wohlfühllänge zu und ziehe es in den Tunnel ein. Nähe es mit dem richtigen Zug zusammen und verschließe die Öffnung des Tunnels.

7

10

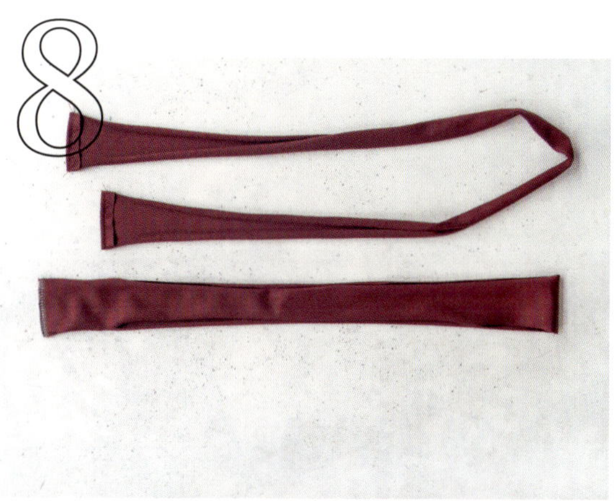
8

11

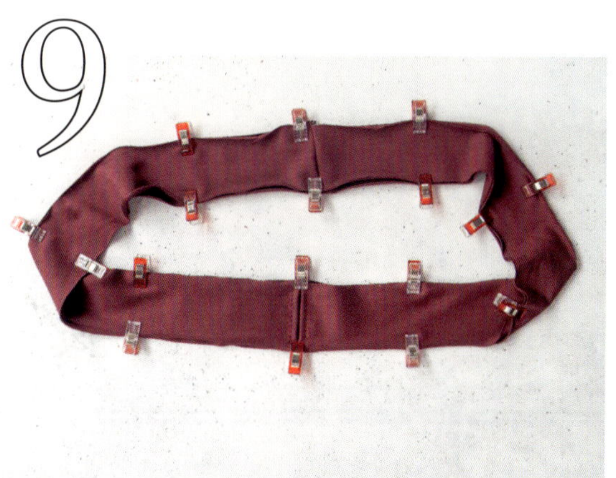
9

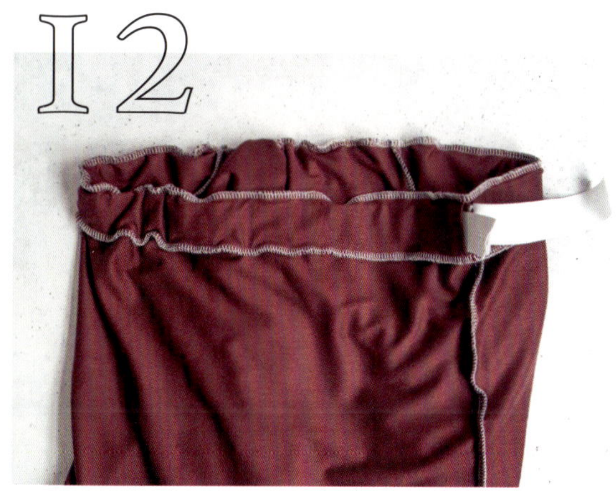
12

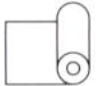

STOFFEMPFEHLUNG

Jersey, dünner Sweat oder leichter Strick

VERNÄHTER STOFF

Soft Lima Knit
(100 % LENZING™ ECOVERO™ Viskose)

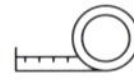

STOFFVERBRAUCH

Bei einer Stoffbreite von 1,40 m für alle Größen 1,20 m.

DU BRAUCHST

BASIC SHIRT

- **Shirt | Kleid | Sweater** Vorderteil 1× im Bruch, im Zuschnitt bis zum Rüschenansatz (SB 3)
- **Shirt | Kleid | Sweater** Rückenteil 1× im Bruch, im Zuschnitt bis zum Rüschenansatz (SB 3)
- Rüschenzuschnitt 20 cm × 140 cm

TIPP

Du kannst die Rüsche so stark raffen, wie du magst. Sollte die Stoffbreite nicht ausreichen, schneide 2 gleich lange Rüschenteile zu und nähe sie zusammen. Die Naht kannst du an der Seitennaht des Kleids platzieren. Schneide die Rüsche lieber länger zu, der Rüscheneffekt kann je nach Stoff anders aussehen.

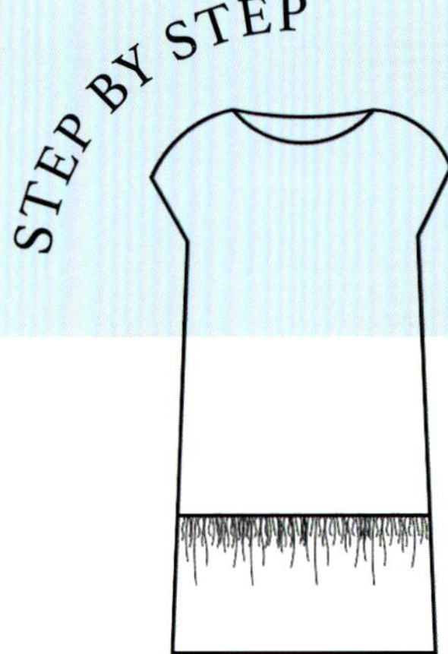

1 Lege Vorderteil und Rückenteil rechts auf rechts und nähe die Schultern zusammen

2 Klappe die Nahtzugabe des Ärmelausschnitts nach innen um und nähe ihn fest.

3 Lege Vorderteil und Rückenteil rechts auf rechts und nähe eine Seite zusammen. Die andere Seite wird erst später zusammengenäht, wenn du die Rüsche annähst. So kannst du die komplette Seitennaht in einem Rutsch schließen.

4 Schneide die Rüsche zu. Sollte deine Stoffbreite dafür nicht ausreichen, findest du im Tipp auf Seite 130 einen Hinweis dazu.

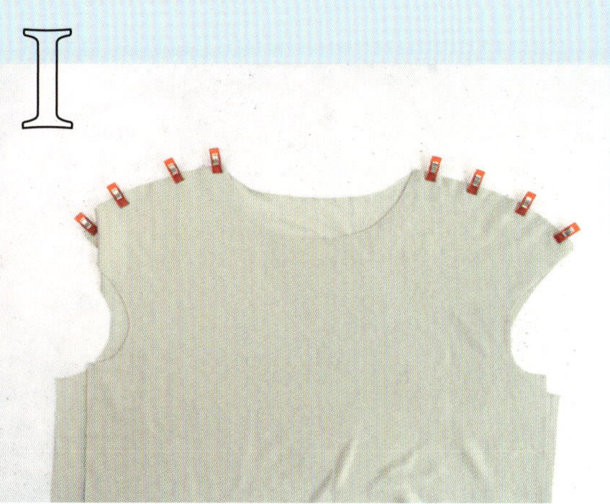
1

4

2

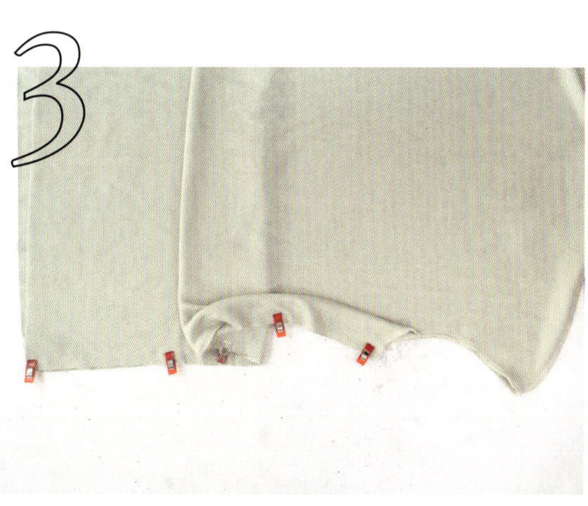
3

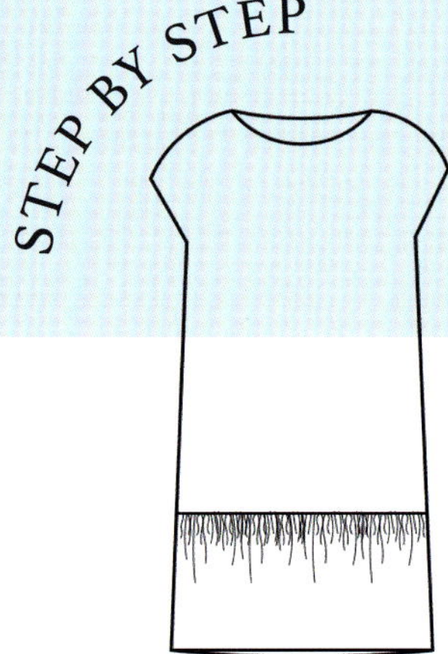

5 Nähe an einer langen Seite der Rüsche 2 Heftnähte (Geradstich in längster Einstellung). Lass die Enden der Fäden beim Abschneiden lang. Du kannst die Rüsche nun entlang der Fäden gleichmäßig raffen. Gehe vorsichtig und in kleinen Abschnitten vor, damit dir die Heftnähte nicht reißen.

6 Hefte die Rüsche rechts auf rechts an das Kleid. Wenn deine Rüsche aus zwei Teilen besteht (siehe Schritt 4), achte darauf, dass die Naht der beiden Rüschenteile auf der bereits geschlossenen Seitennaht des Kleids platziert ist.

7 Lege das Kleid wieder rechts auf rechts und nähe die zweite Seite zusammen.

8 Schlage die versäuberte Nahtzugabe an Halsausschnitt und Saum nach innen um und nähe beides fest.

5

8

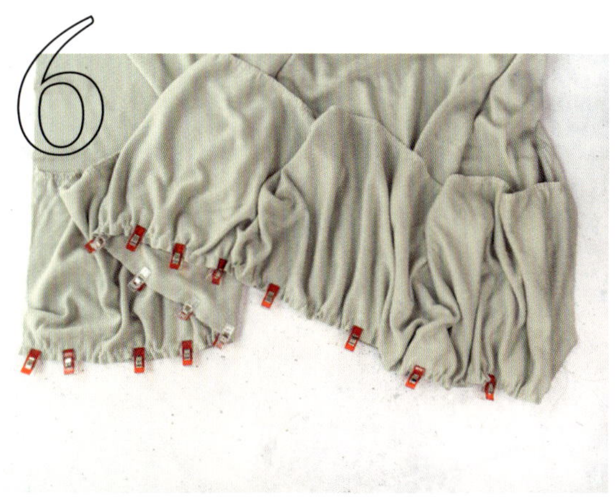
6

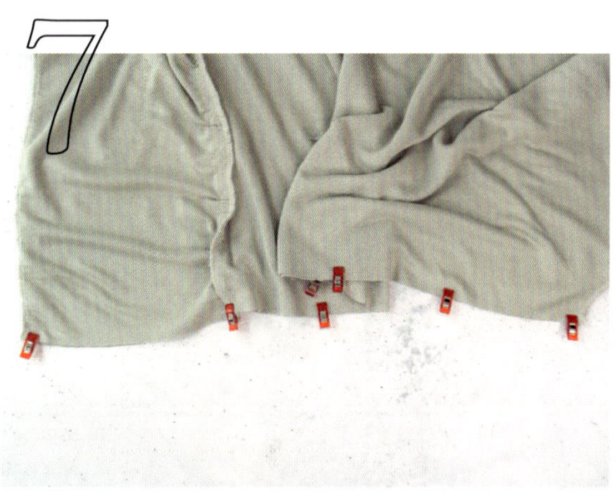
7

MONI Strickjacke

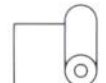

STOFFEMPFEHLUNG

leichter bis mittelschwerer Strick

VERNÄHTER STOFF

Soft Lima Knit
(100 % LENZING™ ECOVERO™ Viskose)

STOFFVERBRAUCH

Bei einer Stoffbreite von 1,40 m für alle Größen 1,70 m.

DU BRAUCHST

BASIC-SWEATER

- **Shirt | Kleid | Sweater** Vorderteil 2× gegengleich, an der Bruchlinie eine Nahtzugabe geben (SB3)
- **Shirt | Kleid | Sweater** Rückenteil 1× im Bruch, in Hüftlänge zugeschnitten (SB 3)
- **Shirt | Sweater** Ärmel 2× gegengleich und 3 cm verlängert (SB 3)
- **Sweater** Kapuze 4×, je 2× gegengleich (SB 3)
- ggf. Nahtband

TIPP

Du kannst die Strickjacke auch als Weste nähen. Lass dann die Ärmel einfach weg.

1 Lege die Vorderteile rechts auf rechts auf das Rückenteil und nähe alles an den Schultern zusammen. Ich habe an den Schnittkanten zusätzlich Nahtband angebracht (siehe Tipp).

2 Wenn du die Nahtzugaben auseinanderklappst und feststeppst, erhältst du von innen und außen eine schöne Optik.

3 Nähe jeweils 2 Kapuzenteile rechts auf rechts zusammen. Eine Kapuze kannst du bereits komplett entlang der im Bild markierten Linien zusammennähen. Bei der zweiten lass bitte eine Öffnung von 7–10 cm.

TIPP

Um das Ausleiern der Nähte zu verhindern, verstärke für die Strickjacke alle Schnittteile ringsum mit elastischem Nahtband. Das Band versiegelt außerdem die Schnittkanten, die daher nicht noch einmal versäubert werden. Das Nahtband gibt es in weiß oder schwarz. Am schönsten sieht die Innenseite der Jacke natürlich aus, wenn man das Nahtband später nicht sieht. Nähe mit der Nähmaschine und klappe die Nahtzugaben danach sofort auseinander und nähe sie fest.

4 Nähe die Kapuzen rechts auf rechts aneinander. Damit nichts verrutscht, kannst du sie vorne mit Klammern fixieren.

5 Klappe die Nahtzugabe der Vorderteile auf die linke Seite und nähe sie fest.

6 Hefte die Kapuze mit der Öffnung rechts auf rechts an den Halsausschnitt.

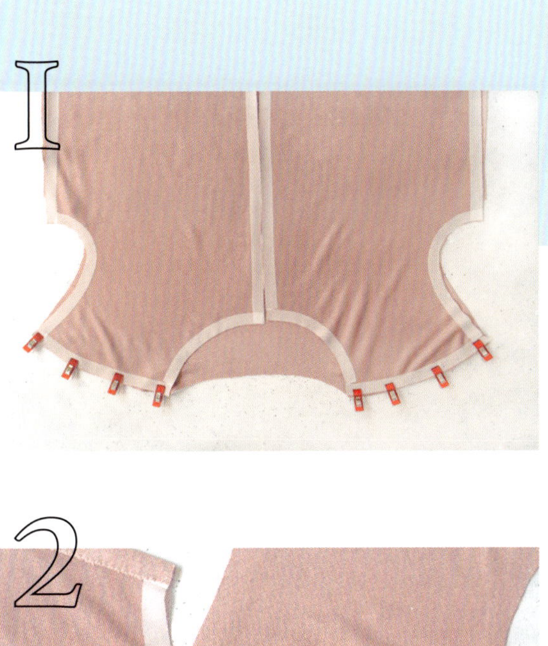
1

2

3

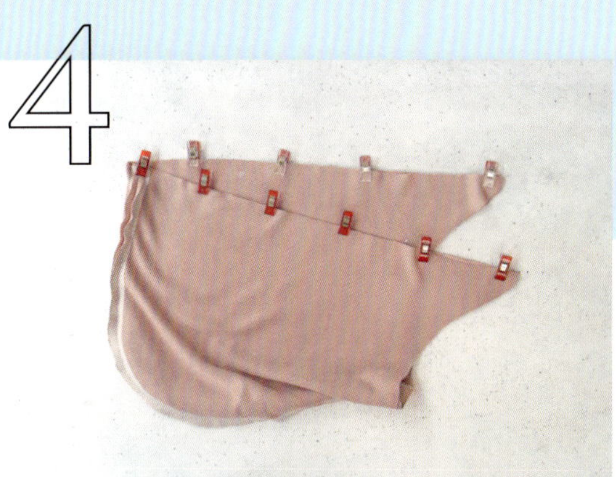
4

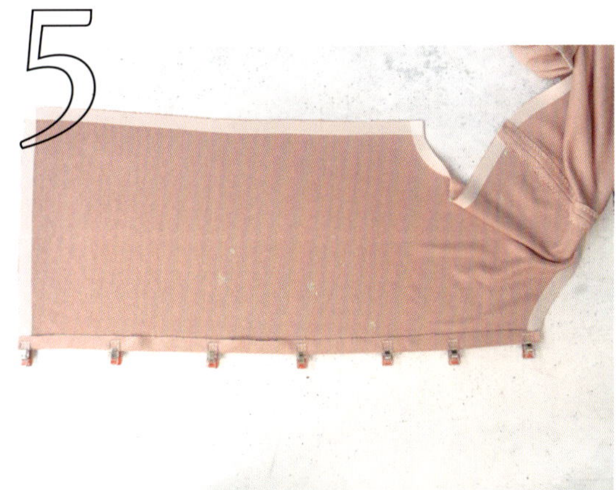
5

6

7 Stecke jetzt die Strickjacke in die Kapuze, schlage die zweite Kapuze darüber und stecke beide Kapuzenteile rechts auf rechts aneinander. Nähe dann alles zusammen. Achte darauf, dass du alle Lagen Stoff erwischst und nicht aus Versehen eine Stofflage zu viel annähst.

8 Ziehe die Jacke dann durch die Öffnung, die du bei Schritt 3 noch nicht vernäht hast, nach außen.

9 Nähe nun die Ärmel an und schließe danach die Seitennähte in einem Stück. Wenn du nur eine Weste nähen möchtest (siehe Tipp Seite 136), lässt du diesen Schritt hier weg und nähst nur noch die Saumzugaben der Ärmellöcher um.

10 Versäubere dann die Ärmel und den Abschluss, indem du die Saumzugaben wieder ein- oder zweimal umschlägst und festnähst.

11 Nähe die Wendeöffnung der Kapuze zu. Du kannst das ganz einfach knappkantig mit der Nähmaschine machen, dann ist die Naht von außen sichtbar. Schöner ist es, wenn du dir etwas Zeit nimmst und die Öffnung mit dem Matratzenstich schließt. Die Anleitung findest du auf Seite 29.

7

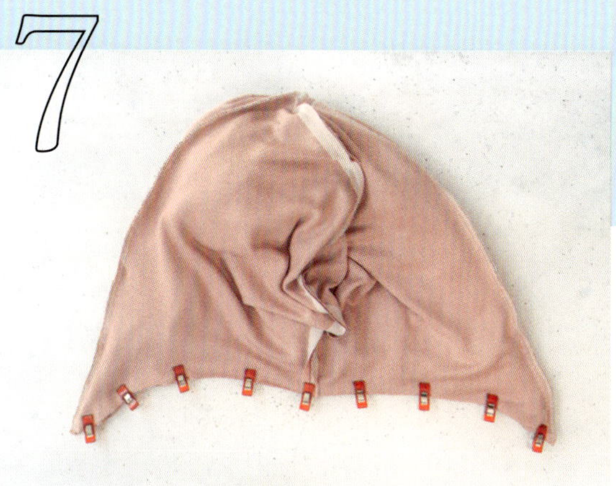

10

8

11

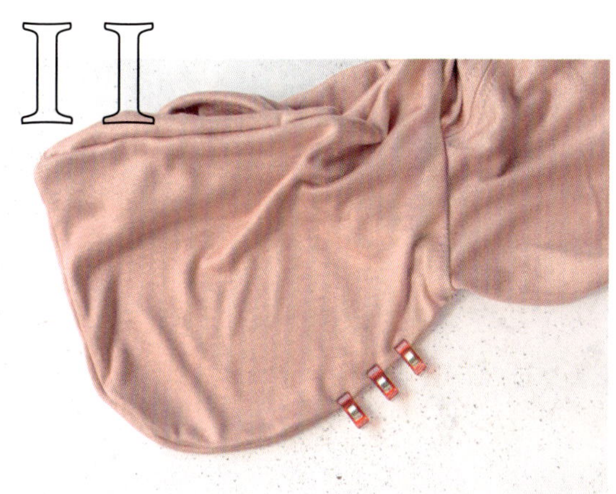

9

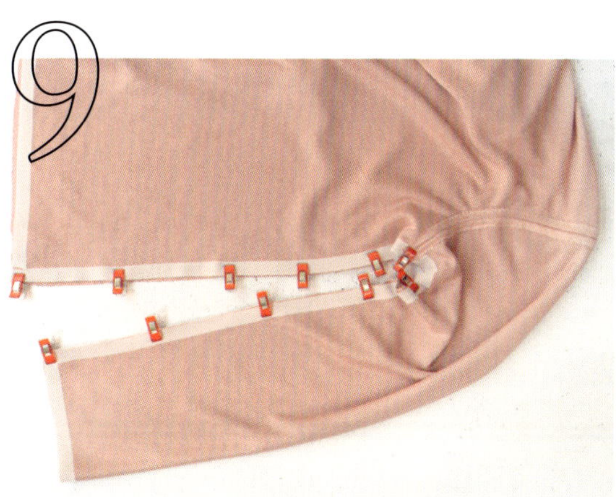

DANKSAGUNG

Liebe Mama, ich danke dir von Herzen, dass du mich in die Welt des Nähens entführt hast! Für mich war es immer ein kleines Wunder, wie du aus den unzähligen Metern Stoff, Spitze und Tüll meine wunderschönen Tanzkleider genäht hast. Du hast so lange herumgetüftelt, bis meine Wünsche erfüllt waren, auch wenn es dich manchmal einige Nerven und durchnähte Nächte gekostet hat. Ganz so perfekt wie du bin ich im Nähen noch nicht, aber ich arbeite dran.

Mein liebster Schatz, auch du verdienst ein dickes Dankeschön! Ich liebe dich, weil du meine Näh-Eskapaden (fast immer) seelenruhig erträgst und mir jederzeit den Rücken freihältst.

Danke Saskia und Lisa, für eure Betreuung während der Entstehung dieses Buchs. Die Zusammenarbeit mit euch war einfach toll. Ich hatte einen wahnsinnigen Respekt vor der Umsetzung so eines großen Projekts, aber durch eure Betreuung habe ich mich von Anfang an sicher gefühlt. Mit den passenden Stupsern zur richtigen Zeit habt ihr mich einfach machen lassen und damit meinen Traum vom eigenen Nähbuch wahrwerden lassen.

Ein großer Dank geht auch an meine Schnittfee Anne. Ich bin so froh, dass ich dich sofort von dem Thema begeistern konnte und du mich wieder einmal perfekt unterstützt hast.

Zuletzt möchte ich der großartigen Nähcommunity danken. Irgendwie sind wir doch eine ganz besondere Truppe. Als ich 2015 das Nähen wiederentdeckt habe, habe ich online auf einen Schlag viele tolle Frauen mit demselben Hobby kennengelernt, wie ich es nie erwartet hätte. Durch den Austausch mit euch und unsere gemeinsamen Nähabende hat sich Finas Ideen zu dem entwickelt, was es heute ist, und wer hätte damals gedacht, dass ich mal ein Buch schreibe?

Danke EMF-Verlag, für das Vertrauen in mich und die Möglichkeit, diesen kleinen ungeahnten Traum zu verwirklichen.

ÜBER DIE AUTORIN

FINA KRAUSE ist Dipl.- Ing. für Augenoptik, 43 Jahre alt und wohnt in der Nähe von Frankfurt am Main. Seit 2015 bloggt sie über ihre selbst genähte Kleidung und Tipps und Tricks rund ums Nähen. 2016 veröffentlichte sie ihr erstes Schnittmuster und gründete damit ihr Schnittmusterlabel „Finas Ideen". Seitdem hat sich aus dem Hobbyblog eine Webseite für Nähbegeisterten mit über 30 Schnittmustern und verschiedenen Online-Nähkursen entwickelt. Mit ihrem Mitgliederbereich, der Näh Bar, hat sie 2020 einen virtuellen Treffpunkt geschaffen, an dem sich die Mitglieder eine gemeinsame Auszeit vom Alltag gönnen und gemeinsam dem wohl schönsten Hobby der Welt nachgehen: dem Nähen.

WEITERE BÜCHER

ALLES JERSEY
soft and cosy

144 Seiten, 20 × 23,5 cm

ISBN 978-3-86355-762-1

18,99 € (D) / 19,60 € (A)

HEJ. SKANDI-CHIC
Kleidung nähen

128 Seiten, 20 × 23,5 cm

ISBN 978-3-7459-0054-5

20,00 € (D) / 20,60 € (A)

IMPRESSUM

Bibliografische Information der Deutschen Bibliothek.

Die Deutsche Bibliothek verzeichnet diese Publikation in der Deutschen Nationalbibliografie.

Detaillierte bibliografische Daten sind im Internet über http://www.dnb.de/ abrufbar.

EIN BUCH DER EDITION MICHAEL FISCHER

1. Auflage 2021

Covergestaltung, Layout und Satz: Sonja Bauernfeind
Bilder: Corinna Brix, München (Cover- und Aufmacherfotos), Fina Krause (Stepfotos, technische Zeichnungen), Marcela Almeida/thenounproject (Pfeil-Icon), Ralf Schmitzer/thenounproject (Knopf-, Nähmaschinen-, Patch-, Stoffballen-, Maßband-Icons), Pham Thanh Lôc/thenounproject (Sicherheitsnadel-Icon), IronSV/thenounproject (Scheren-Icon), Rifal eko 28/shutterstock (Feder-Illustration)
Redaktion und Lektorat: Saskia Reusch und Lisa Helmus

ISBN 978-3-7459-0313-3

Gedruckt bei Polygraf Print, Čapajevova 44, 08001 Prešov, Slowakei

www.emf-verlag.de